우리는
조금
불편해져야
한다

우리는 조금

불편해져야 한다

이상헌 지음

생각의힘

차례

2부 경제학과의 불화

3부 사람을 읽다

4부 기억을 위하여

책을 펴내며 / 바람의 언어

낯선 언어로 살아가는 떠돌이 생활에서 가장 무서운 것은 바람이다. 잠시라도 방심하면, 마음 한켠에 서늘한 바람이 불어댄다. 그럴 때마다 내 언어로 끄적여서 바깥으로 내보냈다. 돌이켜 보면, 어설픈 방식이었다. 그렇게 바람이 떠난 자리에 언어가 차곡차곡 쌓여 갔다. 마치 몸에 쌓여 가는 납덩어리라도 본 것처럼 화들짝 놀라, 마음 구석구석을 부랴부랴 쓸어낸다. 그리고 이렇게 글들을 모아서 내본다. 홀가분하고도 미안하다.

바람이 징하게도 불었나 보다. '창고 대방출'이라고 힐난한다 하더라도 딱히 항변할 말이 없을 정도로, 여러 갈래의 글들이 잡다하게 모여 있다. 정처 없이 떠다니는 말들이 사람들을 만나고 풍경을 만들어 내었다. 나의 밥벌이인 경제학과도 끊임없이 불화했고, 하지만 끝내

헤어지지 못했다. 밥줄의 힘인지, 아니면 끝내 버리지 못하는 희망인지는 아직 모르겠다. 또, 사무실 창밖으로 구름이 바람에 떠밀려 갈 때마다, 문득 기억해야 할 것을 기억해 내었다. 정처 없이 흘러가는 삶이라 할지라도 내 몸에 품고 가야 할 순간들이 있다. 고래 힘줄 같은 삶은 결국 순간의 기억이다.

노동과 경제는 내가 늘 안고 살아가는 화두다. 그래서인지 가장 먼저 떠오르는 기억은 아버지의 월급 봉투이고, 어이없이 죽어간 친구의 월급 명세서다. 거기에는 건조한 숫자만 담겨 있지만, 그 숫자 안에 담긴 삶들은 고단하고 짠하다. 노동과 경제학은 번번이 여기서 어긋난다.

1부는 '일터의 풍경'이다. 일터에서 일어나는 크고 작은 일들에 대한 이런저런 느낌을 적었다. 작고 구체적인 사건에서 우리의 '일상화된 자화상'을 찾아내려 했다. 반가운 일상을 많이 담아 두려 했으나, '뻐딱한' 기질 탓인지 답답한 현실에 눈길이 더 갔다. 터키 광산 사고처럼 세계 언론의 주목을 받은 사건부터, 우유 배달원 승강기 이용과 관련된 '사소한' 사건도 다루어 보았다. 자중하려고 했으나, 때로는 괴팍한 성질이 여지없이 드러났다. 제 버릇을 남주질 못하고, 그냥 덮고 갈 일에도 '분석'의 잣대를 들이대기도 했다. 일터의 풍경을 관찰하면서 생겨난 '내 마음속의 풍경'이라고 하는 것이 더 정확하겠다.

2부는 '경제학과의 불화'이다. 실패 후에는 성찰의 시간이 온다고 하지만, 경제 위기를 통해 드러난 '경제학의 실패'에는 적용되지 않는다. 성찰과 변화의 조짐은 아직 보이지 않는다. 그렇게 생긴 불편한 마음을 글로 풀어 보았다. 개인적인 관심사인 불평등, 임금, 노동시간 문제도 다루었다. 원색적인 비난도 있고, 다소 과격해 보일 만한 주장도 들어 있다. 일하는 이들의 기여를 인정하고 그들의 삶을 개선하는 것이 경제학의 목적일 터인데, 마치 경제성장이라는 또다른 허깨비 같은 숭배 대상이 있고 이를 이룰 수 있는 도깨비 방망이가 있다는 태도가 팽배하다. 그래서 글이 투박한 곳도 더러 있다. 이 또한 나의 풍경이라 생각하고 따로 고치지 않았다.

3부는 사람의 풍경이다. 일하는 삶이 숫자 하나로 정리될 수 없듯이, 우리가 익히 알고 있는 유명인들의 삶도 하나의 이미지로 특정될 수는 없다. 그래서 위대함에 대한 천편일률적인 설명을 되뇌이기보다는 그들의 책을 직접 찾아 읽고 생애를 구성해 보려 했다. 말하자면 사람을 읽으려 했다. 이런 소소한 버릇 때문에 헬렌 켈러, 찰리 채플린, 아인슈타인, 헤밍웨이, 루즈벨트, 러셀 같은 세기적 인물들을 다시 만나게 되었다. 3부에는 '사람을 읽다'라는 제목을 달고, 이런 만남의 결과를 기록해 두었다.

마지막 4부에서는 마음을 추스리고 기억에 집중했다. "기억만이 현재의 폭을 두껍게 만들어 준다."는 황현산 선생의 경구에 집중했다. 여기 실린 글을 쓸 때 마음이 힘들고 숨이 찼다. 기억하고자 쓴 글인데, 다시는 읽고 싶지 않은 글이 되었다. 기억한다는 것은 두려운 일이다.

고마운 이들이 많았다. 나의 '바람기'를 총명한 눈으로 알아채고 출판을 제안해 준 김병준 대표는 이 책의 일등 공신이다. 한겨레신문의 최우성 논설위원은 "바람은 글로 다스려야 한다."면서 당시 본인이 편집장으로 있던 「한겨레21」에 지면을 마련해 주었다. 민노 편집장은 페이스북에 실린 조악한 글들을 신묘한 재주로 변신시켜 「슬로우 뉴스」에 실어주었다. 김진형 편집장은 막판 구원투수로 등장하여 느슨해질 뻔한 구성에 긴장을 불어넣어 주었다. 다들 고마울 뿐이다.

그리고 가족들이 있다. 아내를 초등학교에서 만났으니, 이제 35년이 훌쩍 넘는 '장대한' 시간이 지났다. 시간의 무게를 견디고 아직까지 살갑게 아웅다웅거리면서 살아가고 있다. 살갑지 않은 사람이 살갑게 살고 있으니, 그 모든 것이 아내 덕분이다. 딸 승은과 아들 재원은 늘 삶의 활력이다. 두 분 부모님께서는 비록 마음에 들지 않았더라도 자식의 뜻대로 살아갈 수 있도록 해 주셨고, 장인 장모님은 그 길을 같이 갈 수 있도록 선뜻 딸을 내어주셨다. 고맙다는 말로는 부족하다.

마지막 문장을 끝내자니 다시 바람이 분다. 이 바람이 이번에 나를 어디로 이끌지 나도 모를 일이다.

프롤로그 / 월급 봉투

처음 본 월급 봉투는 그저 붕어빵 봉투 같았다. 갓 태어난 동네 아기들 얼굴에서 종종 보아왔던 황달과 같은 누른 색이었다. 초등학생이었던 나의 불평도 못 들은 척, 어머니는 내 손을 끌고 아버지 회사에 왔다. 도장을 주고 확인 절차를 거친 후, 마침내 나타난 월급 봉투. 어머니는 기쁜 듯 실망한 듯, 그 알 수 없는 표정으로 재빨리 액수를 확인하고 봉투를 가방 깊숙이 넣었다. 그러고는 이내 다시 내 손을 채어가듯 쥐고는 회사 밖으로 종종걸음 치며 나섰다.

외항선을 타서 월급날 늘 바다에 계셨던 아버지를 대신해서 매달같이 어머니가 치르는 의식이었다. 아버지의 공백을 아들의 동반으로 메우려 하신 것인지는 알 수 없으나, 아버지 회사를 나서는 어머니의 얼굴빛은 늘 월급 봉투를 닮아 있었다. 빚 갚고 학비 내고, 아들 기 안 죽

우리는 조금 불편해져야 한다

이려고 비싼 옷 사다 입히는 사치를 부리면서, 점점 얄팍해지는 봉투. 붕어빵 사 먹기도 눈치 보일 때가 되면, 이미 어머니 얼굴은 백지장처럼 변해갔다. 빚 떼먹고 눙치던 옛 이웃들을 찾아 나서는 것도 그때였다. 내게는 세상의 그 무엇보다도 붕어빵이 더 중요했던 철없는 시절의 기억이다.

서울로 대학을 간 나는 촌놈이었고, 거기서 본 세상에 쫄아 있었다. 월급 봉투 속에 담긴 세상에 눈뜨기 시작했다. 거기에 땀과 권력이 엉키어 있다는 것도 처음 알았다. 경제학은 이것을 유려한 수식으로 표현해서, 때로는 문제를 감쪽같이 숨기는 마력을 가지고 있다는 것도 배웠다. 그 다른 한편에는, 정치경제학이라는 학문이 있었다. 땀과 권력의 비밀을 낱낱이 까발리면서, 지금의 세상에서는 희망이 없다 했다. 그래서 더 쫄았다. 머리는 유토피아에, 발은 디스토피아에 있던 시절이었다.

친구가 죽었다. 학창 시절에 공부 잘하는 모범생이던 내가, 대학의 꿈을 진작에 버렸던 그와 친구는 아니었다. 고등학교를 졸업하고 나서야 술집에서 만났고 그러다가 친해진 그는, 영화 〈친구〉에 나오는 그 학교 바로 옆에 있는 시민아파트에서 살았다. 그 아파트의 공동화장실에서 나는 다시 쫄았다. 그곳에서 살아온 그가 경외로웠다. 그는 가난한

가족의 생계를 위해 나의 아버지처럼 배를 탔다. 나의 어머니가 그랬듯이, 내 친구도 그의 어머니가 그 붕어빵 같은 월급 봉투를 매달 받는 것을 즐겁게 상상했을 것이다. 그러던 그가 월급 봉투 한번 나오기도 전에, 필리핀 근해에서 배가 침몰하면서 죽었다.

그의 삶을 알던 학교 친구들은 선박회사에 몰려가 친구를 살려내라 했다. 왜 멀쩡하던 배가 침몰했는지 알려 달라 했다. 유족들과 오랜 점거가 계속되었다. 그래서 회사 장부도 보고, 선박 수리 기록도 보았다. 고의성 짙은 침몰이라는 것도 알게 되었다. 거기서 월급 장부도 보아 버렸다. 그리고 내 친구가 살아 있었으면 받았을 월급 봉투의 두께를 보고 한없이 무너졌다. 대학생인 내가 어느 신문사 논설위원의 딸을 일주일에 두 번 가르치고 받던 월급보다 조금 많았다. 분개하고 혈기만 넘쳤을 뿐, 싸울 방법은 몰랐던 우리는 이 싸움에서 이기질 못했다.

더 쫄고 비겁해졌던 그때, 벌써 20년이 훌쩍 지난 그때.

　　　　　　　　　　　우리는 조금 불편해져야 한다

1부

일터의 풍경

이 문제는 '강남 문제'가 아니다. 물론 이런저런 이유로 강남에서 이런 일이 생길 가능성
은 높겠지만, 더 근원적인 문제는 서비스 노동자에 대한 차별적 인식이다. 최종적으로 미
안하다는 말을 해야 하는 사람이 왜 배달 노동자이어야 하는가 하는 점이다. 우리 일상에
숨어 스멀스멀 살아 꿈틀거리는, 그렇지만 못 본 체하는 그런 권력 관계가 저 창백한 경고
문에 숨어 있다. 우리 안에 자신도 모르게 깊숙이 스며든 '저 배달원과 나는 다른 사람'이
라는 인식은 저 싸구려 경고문의 숨은 공모자다.

노동자는
정말 게으른가

편견은 힘이 세다. 편견을 당하는 자 입장에
서는 억울하기 짝이 없는 노릇이지만, 편견하고자 하는 자는 요지부
동이다. 그래서 젊은이는 늘 '요즘 젊은 것들은 버르장머리가 없다.'는
편견과 싸워야 했다. 역설적인 것은, 그 젊은이가 '어른'이 되면 젊은
이에게 그 편견을 돌려준다는 점이다.

이렇게 편견의 역사는 반복된다. 그래서 세상은 늘 편견의 바다이
고, 노동하는 일상도 예외가 아니다. 그중에서 단연 최상급은 '노동자
는 게으르다.'는 편견이다. 물론 이러한 편견은 특히 힘이 세다.

경영은 '과학'이라 한다. 무작위로 기증한 인력과 지원을 사용할 게
아니라, 요모조모 잘 따지고 연구해서 가장 효율적 방식으로 운용하자

는 의미다. 이런 경영과학에서 편견이 끼어들 틈은 당연히 적지 않을까? 정도의 차이가 있겠지만, 이 또한 편견이다.

경영에 과학이라는 수식어를 도입한 사람은 이른바 '과학적 관리'로 잘 알려진 프레더릭 윈즐로 테일러Frederick Winslow Taylor다. 그가 1911년에 쓴 책, 『과학적 관리의 원리』 덕분에 경영계의 아이돌이 된 사람이다.

그런데 이 책은 직접 보면, 교과서로 배우는 '과학적 관리'와는 사뭇 다르다. 무엇보다도 이 책의 출발점은 냉정하고 차분한 과학적 관찰이라기보다는, 마치 '시일야방성대곡' 같은 비분강개다. 그가 분노했던 연유는 이렇다.

> 영국과 미국인은 세상에서 스포츠를 가장 좋아하는 국민이다. 미국 노동자가 야구를 할 때나 영국 노동자가 크리켓을 하는 경우, 자기 편이 이기기 위해 사력을 다한다. 최대 득점을 위해 최선을 다한다. 이렇게 하지 않는 사람을 '낙오자'라 낙인 찍고 경멸해 마지않는 정서가 보편적이다.
>
> 그런데 이런 노동자가 경기 다음 날 일하러 와서는, 가능한 한 많은 일을 하려고 애쓰기는커녕, 대부분 고의적으로 일을 적게 하려 하고 - 능력에 훨씬 못 미치는 정도의 일만 하고 - 또 많은 경우, 적정한 하루 일량의 삼분의 일이나 반에도 못 미칠 정도만 일하고 그만이다.
>
> 게다가 최선을 다해 하루 일량을 채우려 하는 노동자에게 돌아오는 것은 동료들로부터의 비난인데, 경기할 때 '낙오자'로 낙인찍히는 것보

다 그 정도가 더 심하다. 고의적으로 천천히 일하기, 또는 적게 일하기
는 모든 제조업체에 일반적이며 건설 분야에도 만연해 있다. 이런 적
게 일하기 현상은 영국과 미국의 노동계층에게 최대의 악이다.

한마디로, 운동경기 할 때처럼 전력을 다하지 않는 노동자가 문제라
는 것이다. 이런 식으로 따지자면 경영자라고 해서 뭐 그리 다르냐고
항변할 수도 있겠다. 또 미시경제학 교과서조차도 노동을 비효용이라
해서 여가와 대비되는, 그래서 적정한 금전적 보상이 없으면 피하고
싶은 것으로 파악하는 마당에, 노동을 여가처럼 생각하고 일하기를 바
라는 것은 일종의 도둑놈 심보이기도 하겠다. 편견이자 오해다.

하지만 테일러의 과학적 이론은 이런 편견에서 출발한다. 노동자는
게으르고, 그 이유는 일하면서 '잔머리'를 굴리기 때문이라 본다. 틈만
나면 어떻게 '농땡이'를 칠까 궁리한다는 것이다. 그래서 그가 제시한
야심찬 계획은 경영자가 작업 방식에 대한 과학적 지침을 제시하고 노
동자는 이를 충실히 따르게 하는 것이었다. 그가 과학적 실험을 위해
노동자를 선택할 때 까다로운 기준을 제시한 것도 그 때문이었다.

테일러가 이상적으로 꼽은 노동자의 모습은 이렇다.

무식하고 우직해서 심적 상태가 황소와 다를 바 없어야 한다. 정신적
으로 기민하고 지적인 사람은 이와 같이 단조로운 일에 전혀 적합하지
않다. … 너무 무식해서 퍼센트가 무슨 말인지도 모르며, 따라서 이같
은 사람이 성공하기 위해서는, 보다 지적인 사람들로부터 훈련을 받아

서 과학적 법칙에 따라 일하는 습관을 지니도록 해야 한다.

  이런 '편견'에 기초한 과학적 관리 덕분에, 영미권에서는 오랫동안 노동자의 교육 수준이 지나치게 높은 것을 경계했다. 노동자가 쓸데없이 생각이 많으면 생산성이 떨어지고, 급기야 동료 노동자를 선동하고 기업주에 반발한다고 걱정했다.

  노동자들의 '적게 일하기' 풍조에 대한 테일러의 걱정은 그 전체 경제적 효과에까지 미친다. 그리하여 영국 노동자들이 고의적으로 일의 양을 제한하는 관행 때문에 영국 실업률이 높다는 파격적인 주장을 하기에 이른다. 한마디로 노동자들이 제 무덤을 판다는 것이다. 그러면 노동자들은 왜 이렇게 어리석은 일을 하는가?

  테일러에 따르면, 그 이유는 최대한 열심히 일하는 것이 자신의 이익을 해친다는 잘못된 사고가 팽배해 있기 때문이다. 열심히 일하면 생산성이 증가하고 그래서 임금도 증가하면 경제도 좋아지고, 또 그러면 고용도 늘어나는 것인데, 이 간단한 이치를 노동자들이 알지 못한다는 것이다.

  설상가상으로 노동자들은 생산성이 이런 식으로 증가하면 기업에서 당장 일자리를 줄일 것으로 믿는다고 한다. 즉 노동자들은 단기에 사로잡혀 보다 장기적인 큰 혜택을 헤아리지 못한다는 주장이다. 20세기 초반의 일이라고 치부하기에는, 너무 익숙한 풍경이다.

  하지만 노동자들도 할 말이 많다. 게으르고 싶어서 게으른 게 아니다. 테일러 말을 믿고 야구 경기 하듯이 사력을 다해 일을 한다고 치

자. 그럴 경우 기업이 이에 상응하여 임금을 인상할 것으로 기대했다고 하자.

그러나 이윤 극대화를 생각하는 기업 입장에서는 노동자가 일량을 늘린다고 해서 임금을 올려 줄 이유는 없다. 올려 주더라도 '쥐꼬리만큼' 올려 줄 것이라 의심한다. 따라서 노동자도 열심히 일할 필요가 없다고 판단할 것이다. 일종의 '죄수의 딜레마' 같은 상황이다.

테일러의 과학경영은 사실 이와 그다지 다르지 않았다. 테일러의 영웅적인 노동자인 슈미트는 그 '황소 같은' 집념으로 생산성을 무려 3배 이상 올렸는데, 그의 임금은 60% 남짓 올랐을 뿐이었다. 따라서 결국 서로 못 믿는 마당에, 일하는 사람 입장에서 힘내서 일할 필요가 없다. 속된 말로 '죽 쒀서 개 주는' 일은 않겠다는 것이 노동자들의 생각이었을 터다. 이와 같은 저항을 테일러는 편견에서 출발한 '과학'이라는 이름으로 대응했다.

그렇다고 비관적으로만 볼 일은 아니다. 만일 기업주가 마음을 달리 먹고 솔선수범해서, 노동자의 신뢰를 쌓아 가면 의외의 좋은 결과가 나올 수도 있다. 기업주가 임금을 조금 넉넉하게 주고, 작업 속도를 높이려고 몰아붙이지 않으면, 노동자는 자발적으로 생산성을 높일 가능성이 있다. 즉 기업주가 고임금과 자율성이라는 선물을 주면, 노동자가 화답한다는 것이다.

노벨경제학상을 받은 조지 애커로프George Akerlof는 이런 '선물 교환' 같은 상황이 실존한다는 것을 보였다. 그는 한 회사의 작업 방식을 열심히 들여다 보았는데, 노동자들 대부분이 표준 작업량보다 많은 일을 하고 있음을 발견했다. 딱히 초과근무 수당이 주어지는 것도 아닌데 말이다.

이럴 때 표준 작업량을 올리는 것이 회사에 당연히 이익인데, 놀랍게도 이 회사는 그러지 않았다. 그렇게 할 경우, 노동자들이 이를 '배신'이라 간주하고 일제히 표준 작업량만큼만 일할 것을 알고 있기 때문이다. 이와 같이 선의와 두려움이 결합되면서, 노동자는 자유롭게 개인의 컨디션에 맞게 작업하고, 회사는 임금을 넉넉하게 지불하는 관행이 정착됐다.

결과적으로 노동자는 임금이 높아서 좋고, 회사는 생산성이 높아서 좋은, 상생의 관계가 만들어진 것이다. 애커로프는 이를 '효율성 임금'이라 불렀다. 고임금이 오히려 효율적이라는 얘기다.

조금 일반화시켜 보면 이렇게 된다. 서로 화답하고 협력하면 요즘 유행하는 말로 상생할 것이지만 서로 까다롭게 자기 이해만 챙기면서 좋은 결과가 나오리라 기대하지는 말라는 것이다.

상생하려고 하면, 테일러 식으로 표준 생산량을 최대한으로 바짝 잡아두고 임금도 이에 딱 맞추어 지불하는 '과학적' 꽁생원이 되지 말고, 누구나 달성할 수 있는 생산량 수준으로 잡아두고 임금을 이 생산량 수준보다는 조금 더 넉넉하게 주어야 한다. 임금에도 표준 생산량에도 여백을 두란 얘기겠다. 이 여백이 노동자의 자발성을 유도한다. 따라서 노동자가 게으르다는 편견은 효율적인 경영의 걸림돌일 뿐이다.

이와 같은 '인간적인 너무나 인간적인' 노동자의 모습은 최근 수많은 실험 연구에서 입증되고 있다. 스위스 취리히 대학교의 페어Ernst

Fehr 교수가 주도적으로 한 실험들이 대표적이다. 노동자들은 일반적으로 테일러 실험의 슈미트가 아니라 애커로프의 노동자들에 가깝다. 공평, 정의, 신뢰 같은 것을 중시한다. 이것이 무너졌을 때 힘이 닿는 한에서 '복수'하려 한다고 한다. 때로는 개인의 금전적인 희생이 따르더라도 말이다.

일을 적게 하는 것이 노동자들이 종종 선택하는 복수 방식이다. 이게 '게으름'의 정체다. 페어 교수의 실험 결과에 따르면, 내 월급이 불공평하게 낮다고 생각하는 노동자들의 월급을 올려 주면, 이들의 노동 생산성은 증가한다. 최저임금을 인상하면 실업이 늘어날 것이라 지레 걱정할 필요가 없다는 얘기다.

페어 교수의 연구 결과에서 한가지 더 흥미로운 것은, 이와 같은 효율성 임금 패턴에 예외가 있다는 점이다. 이미 고액을 받고 있는 사람이다. 이들의 월급을 올려 봐야 그들의 성과가 반드시 나아지는 것은 아니라고 한다.

그동안 금융기관과 대기업의 수장들은 그들의 고연봉에 대한 사회적 비난에 대해 '우린 그럴 자격이 있어.'라고 대응해왔다. 수백만 달러에 이르는 연봉 인상을 통한 인센티브 효과로 성과도 좋아지니, 효과로서는 오히려 이익이라는 것이다. 받는 만큼 성과를 냈다는 얘기겠다.

페어 교수의 연구 결과를 다소 거칠게 해석하자면, 고액 연봉자의 이런 주장은 간단히 무시해도 되겠다. 아마도 그들의 또다른 편견일 뿐.

어느 기업가의
로맨틱한 '모험'

2005년 영국의 한 보험회사 주주총회장에서 낯선 풍경이 연출되었다. 주식 상장을 성공적으로 마치고 무려 3,000만 파운드가 되는 돈을 벌어들인 뒤 처음 열린 주주총회. 만사형통이었다. 모든 안건은 만장일치의 지지를 받으며 순식간에 통과되었다. 그러나 CEO의 연봉에 관한 안건이 제출되자, 총회장은 술렁거렸다. 당시에는 낯익은 광경이었다. 천문학적 연봉이라고 해마다 난리였지만, 다음 해에는 '천문학적'이라는 말이 무색해질 정도의 액수가 새로 제시되었다. 게다가 주식 상장에 대한 보상으로 직원 일인당 4만 파운드(6,000만 원)에 가까운 보너스를 지급하기로 결정했으니, 이 모든 '축제'를 조율한 CEO에게는 백지수표를 넘겨주어야 할 판이었다.

우리는 조금 불편해져야 한다

그 액수가 공개되자 총회장은 웅성거렸다. CEO 연봉은 채 4억 원이 되지 않았다. 업계의 최저라고 하기에도 너무 낮은 액수였다. 두 눈을 믿지 못했고, 혹 숫자 0이 하나 빠진 게 아닌지 확인하느라 바빴다. 보너스나 스톡옵션을 노리지 않냐는 의심도 생겼다. 하지만 이에 대해선 일언반구도 없다. 그냥 액면 그대로였다. 사정이 이렇다 보니, 총회장의 반응도 달랐다. CEO에 대한 대접이 너무 박하다는 비난이 쏟아져 나왔다. 적어도 업계 수준으로 몇 십억 원 정도로 올려줘야 한다고 했다. 그러나 당사자는 황소고집이었다. 자신은 대주주이니 배당을 통해 보상을 이미 충분히 받으므로 더 받을 이유가 없다 했다. 그 정도면 충분하니, 꼭 그만큼만 달라고 했다. 결국 투표를 통해 그의 연봉은 원안대로 통과되었다. 그날 처리된 안건 중 가장 낮은 지지를 받았다. CEO는 행복한 미소를 지었고, 주주들은 '비현실적인 현실'에 오랫동안 당황스러워 했다.

이 보험회사 이름은 애드미럴Admiral, 현재 영국 보험업계의 최강자다. 돈 잔치를 벌이던 보험과 금융회사들이 금융 위기로 빈사 상태에 빠졌을 때, 오히려 급성장한 신화적인 회사다. 그리고 '박봉'을 고집하는 이 회사의 CEO는 헨리 엥겔하트Henry Engelhart. 2013년에 3억 6,000만 파운드의 이익을 올리며 승승장구했을 때, 그의 연봉은 여전히 40만 파운드, 약 6억 원 정도였다. 여전히 보너스도 없다. 대신 직원들은 성과급으로 매년 주식을 받고 있다. 회사 주차장에 주차된 직원들 차가 해마다 좋아지는 걸 보는 게 즐거움이라고 너스레를 떠는 50대 중반의 미국인이다.

이 미국인이 영국에 정착한 건 오로지 사랑 때문이었다. 프랑스 여인을 사랑해서, 결국은 그녀를 따라 파리로 갔다. 이런 정열과 헌신 덕분에 그녀와 결혼에 성공했지만, 그 다음부터가 문제였단다. 직장을 생각하면 미국으로 가야 했지만, 프랑스인 아내는 미국을 체질적으로 싫어했다. 두 사람의 사랑으로 빚은 절충이 바로 영국행이었다. 로맨스는 모험이지만, 때로는 꽤 현명하다.

원래는 언론 전공이었으나, 전공대로 풀리지 않는 게 인생사인지라, 보험업에 발을 내딛게 되었다. 그의 능력을 눈여겨 본 이들이 그에게 새로운 보험회사 만드는 일을 맡겼다. 그게 바로 단돈 15억 원으로 시작한 애드미럴 보험이다. 자동차보험 시장에 일대 혁명을 일으킨다.

보험 판매는 오늘날 영국에서 그다지 숙련 업종이 아니다. 매뉴얼과 엑셀 파일 템플릿을 따르는, 오히려 단순한 업종에 가깝다. 그런데 애드미럴 자동차보험은 현재 영국에서 모든 이들이 선망하는 회사다. 좋은 직장으로 선정되어 받은 상도 수없이 많다. 월급이 좋기 때문만은 아니다. 보너스를 넉넉하게 주기 때문만도 아니다. 아주 단순한 원칙 하나 때문이다. 직원을 중시하고 존중하는 직장 문화 때문이다.

엥겔하트가 자신의 회사에서 가장 중요하다고 공언하는 부서는 오락부Ministry of Fun다. 전문 정규직 직원들로 뭉쳐 있는 이 부서는 매일같이 직원들을 재미있게 할 소재를 개발해서 각종 이벤트를 연다. 생일 잔치도 하고, 야외 풀장에서 '기괴한' 파티도 하고, 사무실에서 간이 축구도 한다. 사장이 늘 챙기는 부서다. "사람이란 자기가 하는 일을 좋아하면 더 잘 하기 마련이다. 더 이상 복잡하게 경영학 이론이니

우리는 조금 불편해져야 한다

과학이니 따질 필요가 없다. 스스로에게 물어 봐라. 결국은 아주 간단한 일이다." 그가 인터뷰 때마다 하는 얘기다.

하지만 이런 간단한 원리를 실천하는 것은 간단치 않다. 명색이 자동차보험 회사인데, 회사 소속 자동차는 한 대도 없다. 임원을 위한 사무실도 따로 없다. 임원이나 신입사원이나 모두 똑같은 의자를 쓴다. 누군가 조금 나은 의자를 쓰게 되면, 인간인지라 욕심이 생기고 그러다 보면 좋은 의자에 신경이 가게 마련이다. 이런 것으로 회사 분위기가 나빠지는 것도 경계한다. 그래서 모두에게 좋은 의자를 준다. 임원 전용 주차장도 없다. 같이 기다리며 순서를 기다려야 한다. 출장비도 똑같고, 숙박에도 차별이 없다. 럭비 팀도 지원하는데, 그 이유도 딱 한가지다. 지원의 댓가로 매번 직원용으로 200장 정도 입장권을 받을 수 있기 때문이다.

자신의 주머니를 비우고 직원에게 모두 나누어 주는 일, 또한 쉽지 않다. 많이 가진 사람일수록 더 어려워지는 일이다. 이런 기업은 마음을 열게 하고 몸을 움직이게 한다. 그래서 로맨틱하고, 또 에로틱하다. 엥겔하트의 기업은 저 멀리 파리에서 시작된 로맨틱한 모험에 뿌리를 두고 있다. 항해가 계속 되길 바란다. 로맨스는 그 끝을 모르는 법이니, 그게 희망이다.

터키 광산에서 만난
세월호

           터키의 광산은 예전부터 악명이 높았다. 국제노동기구ILO 통계를 보면 2001년부터 2012년 사이 1,172명의 광산업계 관계자들이 숨졌다. 그래서 산업안전이 정치적 쟁점으로 곧잘 떠올랐다. 그중에서도 터키 동쪽에 있는 소마Soma라는 광산촌이 특히 문제였다. 야당에서 공식적인 조사를 요구했지만, 집권당은 간단히 무시했다. 대신 노동부 장관이 나와서 조사 결과 아무 이상이 없었노라고 선언했다. 믿는 사람은 많지 않았다. 광산의 소유주가 집권당과 긴밀한 관계에 있다는 소문이 파다했다.

  2014년 5월, 바로 그 광산에서 폭발 사고가 났다. 300여 명이 목숨을 잃었다. 사람들은 분노했다. 가족들뿐만 아니라 지역사회, 그리고

우리는 조금 불편해져야 한다

노조까지 가세했다. 분위기가 심상치 않았다.

차기 대통령을 노리는 현재 수상이자 실권자가 나서서 한마디 했다. 워낙 역사적인 발언이라 충실히 번역해 둘 필요가 있다.

이런 사고는 광산에서 늘 생깁니다. 사고 없는 일터라는 건 없습니다. 과거의 영국을 생각해 보세요. 1862년에 광산이 무너져 204명이 죽었습니다. 그리고 1866년에는 361명이 죽었구요, 1894년에는 폭발 사고로 290명이 죽었습니다. 그러니까 이번과 같은 사고가 다른 곳에서는 결코 생기지 않았다고 말하지는 않았으면 합니다. 이런 일은 생기기 마련입니다. 그래서 우리가 이런 걸 '사고'라고 부릅니다.

이런 해박한 역사적 지식과 과학적 정의를 늘어놓은 다음에, 다음과 같은 말도 잊지 않았다.

이런 사고와 같은 사태를 악용하고 사람을 선동해서 정부를 공격하려는 그룹들, 그런 극단주의자들이 있습니다. 국민 통합과 평화를 위해서 다시 한번 강조하고자 합니다. 이런 사람들에게 관심을 주지 않고 무시해야 합니다. 굉장히 중요합니다.

이런 똑부러지는 발언을 하고 터키 수상은 사고 현장을 찾았다. "이것은 사고가 아니라 살인이다."라고 외치는 유족들과 시민들이 그를 맞았다. 그가 우려한 '극단주의자'들이었다. 사태가 급박하게 진행되어, 그는 시위대 속에 갇혔다가 겨우 슈퍼에 몸을 숨긴 후 우여곡절 끝에 빠져나왔다.

그의 참모진들도 많이 당황했다. 영국 SOAS The School of Oriental and African Studies에서 박사 과정까지 한 명석한 참모 하나는 경찰에 끌려가는 시민에게 거센 발길질을 했다. 그의 보스에 대한 충성심의 발로였으나, 결과적으로는 보스의 엉덩이를 찬 꼴이 되었다. 터키 수상은 사면초가 신세다.

터키 정부는 문제의 광산 소마를 2005년에 민영화했다. 그 이후로 각종 규제를 완화하면서, 더 깊은 곳에서도 채광할 수 있게 해서 광부들이 늘 안전의 위협을 느꼈다고 한다. 평소에도 퇴근 시간이 몇 분만 늦어도 전화를 걸 정도로 안전에 관해 노동자도 가족도 걱정했었다는 보도가 이어졌다.

올더스 헉슬리의 『멋진 신세계Brave New World』에서 소마는 분노를 없애주는 신비의 알약이다. 터키의 소마는 지금 분노의 용광로다.

우리는 조금 불편해져야 한다

기업의 습관과 본능:
한국적인 너무나 한국적인

습관이 습관으로 끝나는 경우는 드물다. 습관은 곧 자기진화를 거듭하여 본능이 된다. 습관이라는 관념조차 없어지고, 습관과 몸이 물아일체에 이른다. 그래서 조지 오웰은 인간의 습관은 모두 사악하다고 했나 보다.

습관은 인간의 전유물은 아니다. 기업과 같은 '비인격적 주체'에게도 예외가 없다. 가령 이런 경우다. 20여 년 전부터 한국의 기업은 남미에 보세공장을 만들어, 나름 큰 성공을 거두었다. 그 옛날 원양어선과 중동 건설 이후 다소 뜸했던 '해외 진출'의 신세계를 열어 젖힌, 이른바 지집투자였다. 하지만 지집투자라고 해서 돈만 가는 게 아니다. 돈을 투자하는 기업의 습관도 따라갔다. 곧 사달이 났다. 한 보세공장의 여성 노동자가 고난한 노동을 하면서도 뱃속에서 키워온 아이를 잃었다. 장시간 노동 탓에 임신 말기에 좋지 않은 징조가 생겼다. 그녀는 한국인 '감독'에게 병원에 가게 해 달라고 부탁했다. 공장은 곧 군대라고 믿었던 '작업장 십장'이자 감독은 거부했다. 당일 할당량을 끝내면 보내주겠다 했다. 별도리 없이 늦게까지 일을 마치고 나서야 병원을 찾았다. 너무 늦었고, 아이는 세상의 빛을 보지도 못하고 떠났다. 한바탕 난리가 났다. 하지만 그 기업은 모르쇠였고, 공장 라인은 계속 돌아갔다. 그러곤 얼마 후 돈벌이가 시원치 않자, 이 기업은 몰래 그 나라를 떠났다. 그들이 믿었던 대로 공장이 군대였다면 자신의 병사를 지킬 법한데, 병사는 버리고 무기만 회수해서 달아나 버렸다.

이게 신호탄이었다. 아시아로 진출하면서는 한 단계 업그레이드되었다. 아시아 친구들로부터 '원산폭격'이니 '앞으로 전진' 등등 '전문 용어'의 뜻을 질문 받는 경우도 늘어났고, 내가 폼잡고 한마디 하며 분위기 좋았던 토론장이 나의 한국 국적이 알려지면서 순식간에 싸늘해지는 일도 생겼다. '너나 잘 하세요.'라는 따가운 눈빛에 몸 둘 바 몰라하면서, 나는 뻔뻔함을 배웠다. 난 지금도 나의 국적을 묻는 질문을 좋아하질 않는다. 뭉그리고 대충 답변하고 다른 질문으로 선제공격하는 용의주도함도, 아마 그때부터 연마하기 시작했을 거다.

2014년 벽두부터 한국 기업 때문에 방글라데시와 캄보디아가 시끄럽다. 캄보디아에서는 최저임금 인상과 관련해서 사실상 '공권력 투입'을 요청했고, 이에 화답하여 그 나라의 '공권력'인 군대를 투입했다 한다. 이런 류의 일의 정확한 경위는 알기 어렵겠지만, 나는 개연성 높

우리는 조금 불편해져야 한다

다고 본다. 습관이 본능이 되면, 자신이 어느 나라에 있는지는 그닥 중요하지 않다. 예전에 (또는 오늘날) 한국에서 했던 방식으로, 당신의 유전자가 알려주는 대로 하면 된다. 방글라데시에서도 최저임금이 문제였다. 이 나라의 최저임금 문제는 곧 한국 기업의 문제가 된 지 이미 오래되었다. 본능적인 꼼수를 발휘했다. 최저임금 인상에 따라 기본급은 올려주면서, 상여급과 같은 부가급여를 삭감해 버렸다. 구색은 맞추었고, 기업은 손해 본 게 없다. 노동자들이 항의했다. '공권력'은 다시 투입되었고, 한 명의 노동자가 죽었다. 동시에 한국에서 써먹던 전매특허까지 동원되었다. 이번 사태는 '외부 세력의 개입'에 의한 것이라고 해당 기업이 주장했다. 불행히도 한국에서는 불문가지인 이 해당 문구가 한국 밖에서는 독해불가다. 그러나 상관없다. 습관이 본능을 넘어, 유전자로 자기발전하고 있는 중이기 때문이다. 생물학적으로도 매우 기이한 현상일 게다.

해당 기업들과 고위 관계자들은 지금 비상대책회의를 하고 있을 것이다. 짐작컨대, 회의의 시작은 이럴 것이다. "이리 싸가지 없고 불평 투성이고 게으르니, 아직 배 곪고 가난하다. 이런 국민성 때문에 평생 잘 먹고살긴 글렀어. X같은 XX들… 이 참에 몸둥이로 제대로 본때를 보여줘야…."

본능의 최대 장점은 자연스러움과 행동의 과감성, 신속성이겠다. 하지만, 본능은 외롭다. 남들은 인정해주질 않는다. 그래서 아마 지금 억울하고 외롭다고 느낄 것이다. 그럴 때는 시장에 가서 거울 하나 꼭 사길 바란다. 거기에 자신의 얼굴을 비추어 보길 바란다. 주름이 늘어난 것 말고는 보이는 게 없는가? 그럼 중병이다. 외통수다. 장기 요양을 권한다.

일한다는 것, 종교적 신념,
그리고 콧노래

　　이젠 익숙해진 일이지만, 한때는 촌놈이 외국 생활하면서 문화 충격을 더러 받곤 했다. 그중 유난히 기억나는 일은 대학원 강의실에서 생긴, 이른바 '무슬림 대습격 사건'이다. 17년 전의 일이지만, 아직도 기억이 또렷하다.

　참으로 똘똘한 자그마한 방글라데시 학생이었다. 예절 바르며 고급 영어를 구사하는, 훈장 분위기 물씬 풍기는 친구였다. 예의가 몸에 밴 때문인지, 타고난 심성이 착한 것인지는 모르겠으나, 주위 사람들에게 마음 쓰는 게 남달랐다. 인기가 좋았다. 공부도 물론 아주 잘했다.

　그러던 어느날, 대학원 세미나 일정에 차질이 생겼다. 시간표를 새로 짜야 했다. 누구의 잘못을 따지기 어려울 정도로, 일이 좀 꼬여 버렸다. 이걸 아는지라, 학생들과 교수들은 다들 양보를 해서 시간을 따로 조금씩 내기로 했다. 금요일에 추가 세미나를 하고, 세미나 시간도 3시간 이상으로 늘리는 방법이 나왔고, 대체적으로 수긍하는 분위기였다. 그때 우리의 방글라데시 젠틀맨이 정색을 하고 나섰다. 자신에게는 기도 시간이 중요하기 때문에 세미나 시간 연장 불가, 그리고 금요일 '휴일' 학습은 불가하다고 했다. 그는 무슬림이었다. 워낙 단호해서 뭐라고 토를 달기도 힘들었다. 우리는 부랴부랴 다른 방법을 찾았다. '조용한 동방예의지국'에서 온 나에게는 이 모든 것이 이해불가였다. 무슬림이었던 그 친구가 교수 앞에서 그리 당당한 요구를 했다는 게 이해불가의 첫째였고, 이 요구에 교수와 학생이 모두 동정적이었다는 게 이해불가의 둘째였다. 겨우 한 명에 불과한 그의 '소소한' 종교적 신념을 위해 절대 다수가 불편을 감수하는 건, 내 눈에 그다지 '민주주의적'이지 않았다. 그게 그들에게 목숨만큼 중요한 일이란 걸 한참 뒤에야 알았다.

이 일이 문득 생각난 것은 2013년 말 영국의 대형 유통점인 막스 앤 스펜서Marks & Spencer, M&S에서 생긴 일 때문이었다. 한 무슬림 여성이 계산대에서 일하고 있었다. 한 고객이 샴페인 한 병을 계산대에 올렸다. 그러자 이 여성은 난색을 표하며 자신은 샴페인을 판매할 수 없다며 대단히 미안한 표정을 지었다. 옆 계산대에 동료가 오면, 그 친구가 계산해 줄 수 있다고 했다. 알코올을 불경시하고 손도 댈 수 없게 한 무슬림 교리 때문이었다. 물론 이 고객에게는 황당하기 짝이 없는 상황이었다. 샴페인을 진열대에 버젓이 진열해 두고서는 막상 구매하

우리는 조금 불편해져야 한다

려 하니, 직원은 안된다고 했으니 말이다. 그래서 이 회사에 거칠게 항의를 했다. 결과는 어땠을까?

부끄러운 얘기지만, 나는 무슬림 직원이 해고되었을 것으로 예상했다. 해고를 밥먹듯이 하는 나라이고, 게다가 저임금 노동을 양산해 내는 대형 유통업체 계산원 아닌가. 그런데 난 왕창 틀렸다. 계산원은 무사했고 M&S는 공식적으로 사과했다. 사과를 체질적으로 싫어하는 영국 기업이 조건 없이 신속하게 사과했다. 직무 배치를 할 때 종교적 신념을 고려해야 한다는 회사 내부 정책을 따르지 않았다는 것이다. 이 회사만 그런 것이 아니라, 다른 유통업체들도 유사한 정책을 오래 전부터 도입했다 한다.

한국의 어느 대학은 청소부에게 콧노래를 허하지 않았다. 종교가 '신념'이라면, 콧노래는 '본능'일 테다. 남들은 종교적 신념과 직무 배치를 고민하는데, 우린 너무 치사하지 않나.

왜 우유 배달원이
미안해야 하는가

몇 년 전 일이다. 신문과 우유를 배달하는 박씨와 정씨는 벌써 열흘째 아파트 경비원과 주민을 피해 다니고 있다. 며칠 전 강남에 위치한 이 아파트 관리사무소는 전체 27개 동 입구마다 '배달사원 승강기 사용 자제'라고 적힌 경고문을 붙였다. 배달사원들은 "반드시 계단을 이용하여 배달해 주시기 바란다."고 적혀 있다. 경고문 덕분에 눈치만 늘어갔다.

이 소식을 읽자니 부아가 치밀었다. 배달원이 엘리베이터 타는 전기값이 정 아까우면, 우유와 신문은 경비실 옆에 있는 우편함에 꽂아 두게 하면 될 것 아닌가. 아파트 주민들이 배달 서비스 비용을 아끼는 유일한 방법은 내 몸을 바지런하게 하는 도리밖에 없다. 내가 돌아봤던

우리는 조금 불편해져야 한다

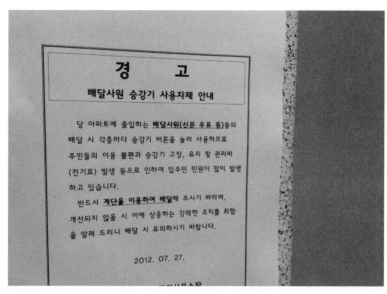

| 강남의 한 아파트 동 입구에 붙은 경고문 |

나라들은 그랬다.

상식적으로 엘리베이터를 타지 못해 배달 시간과 노력이 증가하면, 배달 비용이 올라야 한다. 위 기사의 아파트 주민들이 서비스 변화에 따른 비용 인상 요인이 있는데, 비용 인상은 거절하고 서비스 변화만 요구하는 건 요즘 유행하는 말로 '공정'하지도 않고, 경제적으로 '합리적'이지도 않다.

하지만 정작 내가 화가 나는 것은 다른 데 있다. 어느 보도에 따르면, 기자가 우유 배달원에게 물었더니 이런 얘기를 했다고 한다.

얼마 전, 우유 상자를 싣고 엘리베이터를 탔는데 한 주민이 쳐다보면

서 '전기세 내고 이용하는 거냐?'고 따졌어요. 할 말이 없어 '미안하
다.'고 말하고 고개만 숙였지요.

- 한겨레신문 2012년 8월 7일 기사 중

왜 우유 배달원이 "미안하다."고 해야 하나? 왜 이걸 당연한 것으로
생각하나? 아파트를 무수히 드나드는 상인들, 전도하는 사람들, 선거
홍보 운동하는 이들, 그리고 옆집 방문객들에게는 왜 그렇게 따지지
않을까? 이들은 주민들에게 어떤 서비스도 제공하지 않는데, 오히려
내게 유용한 노동을 제공하는 이들에게 이리 핏대를 세우고 공박하는
걸까? 혹 이런 모습은 배달 서비스 이면에 은밀히 작용하는 갑을관계,
우리 생활 깊숙이 침투해 있는 일상의 권력 관계가 발현된 모습은 아
닐까? 그래서 식당 이모는 세상에서 가장 막 대해도 되는 '이모'가 되
는 것은 아닐까? 마음에 불이 나니 머릿속은 온통 연기 속이었다.

언론에서는 이 문제를 '인심이 각박'한 것으로 돌렸다. 한가한 진단
이다. 10년 동안 강남구 아파트에서 우유를 배달해 온 정씨는 "배달
일 하는 사람들은 대부분 무릎 관절이 좋지 않아서 엘리베이터가 없
으면 일을 할 수 없다."며 한숨을 쉬었다. "요즘은 있는 사람들 인심이
더 각박하다."고 덧붙였다.

이 문제는 '강남 문제'가 아니다. 물론 이런저런 이유로 강남에서 이
런 일이 생길 가능성은 높겠지만, 더 근원적인 문제는 서비스 노동자
에 대한 차별적 인식이다. 최종적으로 미안하다는 말을 해야 하는 사
람이 왜 배달 노동자이어야 하는가 하는 점이다. 우리 일상에 숨어 스

멀스멀 살아 꿈틀거리는, 그렇지만 못 본 체하는 그런 권력 관계가 저 창백한 경고문에 숨어 있다. 우리 안에 자신도 모르게 깊숙이 스며든 '저 배달원과 나는 다른 사람'이라는 인식은 저 싸구려 경고문의 숨은 공모자다.

　부아가 잔뜩 난 나는 오늘, '죄송'이라는 단어를 국어사전에서 지우고, 그 위에 가운뎃손가락을 그려 넣고 싶다.

화장실 안 가면
격려금 하루 1달러

 못사는 나라의 노동자들은 수입이 변변치 않거니와 근로 조건도 좋지 않다. 위험 요소가 작업장 도처에 널려 있고, 여기에 장시간 노동까지 겹치면 '목숨 건 노동'은 곧 일상이 된다. 그런데도 사정이 어느 정도 나쁜지는 잘 알려져 있지 않다. 당연히 제대로 된 정책이 나오기 힘들다.

 현실 분석이 우선이라는 생각에 10여 년 전에 대규모 설문조사를 진행한 적이 있다. 아프리카 남동쪽에 위치한 탄자니아와 모잠비크부터 시작했다. 근로 조건 조사는 선진국에선 체계적으로 이뤄지지만 저개발국에서는 아직 낯선 일이다. 무엇을 어떻게 물어야 하는지에 대한 근본적인 고민부터 시작했다. 우선 선진국에서 사용하는 설문지를 베

우리는 조금 불편해져야 한다

껴서 시험을 해보았다. 결과는 참담한 실패였다. 설문 대상자들이 질문 자체를 이해하지 못하는 경우가 태반이었다. '유급 출산 휴가를 받느냐', '최저임금을 받느냐' 등의 문제에 대해서는 용어를 이해하지 못했다. '임금'이라는 용어를 이해하지 못하는 이도 있었다. 일터의 안전에 대한 추상적인 질문에는 대부분 무응답이었다. 사태의 심각성을 뒤늦게야 깨닫고 설문 대상자들과 후속 면접을 했다. 당신들이 일할 때 절실하게 필요한 것을 얘기해 달라고 했다. 그 결과는 놀라웠고, 무지했던 우리는 부끄러웠다.

노동자들이 최우선으로 꼽은 것 중 하나는 '화장실 이용의 자유'였다. 첫째는 변변한 화장실이 일터 가까운 곳에 있으면 좋겠다는 것이었고, 둘째는 그 화장실을 필요할 때 언제든지 이용하도록 해 달라는 소박한 요구였다. 일하다 배탈이 나더라도 감독이나 반장의 눈치가 보여 화장실에 가기 힘들다고 했다. 화장실을 몇 번 들락날락했다가 날벼락이 나기도 했고, 일당이 깎이기도 했다. 여성 노동자일 경우 더 힘들다고 했다. 생리 기간에도 화장실 사용이 쉽지 않으니, 말 못할 불편함으로 고생이 이만저만이 아니었다. 임신한 여성에게는 더욱 가혹한 상황이다. 어떤 이는 기본적으로 화장실의 용도에 대한 '철학적 차이'가 크다는 분석까지 덧붙였다. 일하는 사람에게 화장실은 생리적 욕구를 해결하는 긴요한 장소인 데 비해, 경영자에게 화장실은 직원이 일을 땡땡이치고 게으름을 부리는 최적의 장소라는 것이다. 이런 사정은 설문조사 결과에 고스란히 드러났다.

이런 '화장실 전쟁'은 못사는 나라만의 얘기는 아니다. 2014년 7월초, 미국 시카고의 한 회사 앞에서 노동자들이 시위를 했다. 그들이 들고 있던 피켓에는 "화장실 학대를 중지하라! Stop Bathroom Harassment!"고 적혀 있었다. 사정은 이랬다. 실험실 전용 수도꼭지를 전문적으로 만드는 이 회사는 직원들이 화장실을 과도하게 사용한다고 믿고, 본격적인 조사에 착수했다. 약간의 과학성을 담보하기 위해 화장실 출입카드를 전 직원에게 나눠줬고, 출입 기록 통계를 분석했다. 그 결과, 직원 19명이 하루에 6분 이상을 화장실에서 '허비'했다는 점을 발견했다. 화장실 과잉 이용과 관련해 해당 직원을 경고 조치했다. 서면 경고에도 불구하고 화장실 과잉 사례가 계속될 경우 해당 직원을 해고할 것이라는 살벌한 위협도 뒤따랐다.

왜 꼭 6분이어야 하느냐는 하소연에 이 기업은 그럴듯한 답을 제시하지 못했다. 다만, 6분 이상 화장실에 머무르는 직원의 경우 스마트폰 사용과 같이 화장실을 '오용'하는 일이 대부분이라고 회사는 믿고 있었다. 물론 채찍만 있었던 것은 아니다. 적절한 당근도 뒤따랐다. 화장실을 한 번도 이용하지 않는 직원에게는 하루 1달러의 '격려' 수당이 주어졌다. 한 달 내내 오줌보를 잘 관리하면 20달러는 너끈히 벌 수 있다는 얘기가 된다. 놀랍게도 노동조합은 이 '당근' 조항에 동의했다.

이런 식의 화장실 통제가 어느 정도 보편화됐는지는 알기 어렵다. 소수 기업에서 발견되는 국지적 현상일 수도 있다. 하지만 웃지 못할 일도 적지 않다. 몇 년 전 미국 미네소타의 한 50대 여성 직원이 화장실 이용 때문에 해고될 상황에 처했다. 그녀가 급한 일로 화장실에 가려 하자, 회사가 그것을 막았다. 사태가 급박했던지라, 그녀는 공장 내

우리는 조금 불편해져야 한다

부에서 박스를 하나 구해 거기에 '민생고'를 해결했다. 일종의 시위 효과도 노렸을 터이다. 격분한 회사는 즉각 그녀를 해고했고, 그녀도 이에 질세라 중재를 청구했다. 중재위원회는 그녀의 손을 들어주었고, 그녀는 복직했다. 그 와중에 다른 회사들은 더 엄격한 화장실 이용 정책을 도입하기도 했다. 하루에 3번만 화장실 출입을 가능케 하는 카드를 마치 복지카드인 양 직원들에게 배포했다. 네 번째 이용은 특별 허가가 필요했다.

설령 드문 현상이라 할지라도, 이런 소수 기업들은 왜 화장실 이용을 제약하려고 할까? 물론 노동생산성이 일순위 목적일 것이다. 화장실 사용이 해고로 연결될 문제라고 하니, 화장실 사용과 노동생산성의 상관관계는 자못 심각한 것이리라 짐작할 만하다. 그런데 꼭 그럴 것 같지는 않다.

좀 더 일반적인 화장실 통계를 보자. 비뇨기과 전문의들에 따르면, 사람은 보통 하루에 8번 이상 화장실에 간다고 한다. 하루 8시간 일한다고 하면 최소한 4번 정도 화장실에 간다는 얘기겠다. 총 6분이라는 시간 동안 화장실을 4번 가야 하니까 평균 화장실에 1.5분 내로 머물러야 한다. '큰일'은 되도록 피하는 게 좋겠다.

결국 참는 게 가장 좋은 대응 전략이다. 문제는 이 전략을 제대로 실행하자면 꽤 신경을 써야 한다는 것이다. 화장실 이용 전략을 고안하고 실천하는 데 시간과 에너지가 필요하다. 그만큼 일에 대한 집중도가 예전보다 못할 수 있다. 소변을 참으며 일해본 사람은 다 아는 일이다. 생산량이 줄어들거나 제품 불량률이 높아질 수 있다. 노동생산성이 떨어진다는 것이다. 근본적 방책도 있다. 물을 적게 마시거나 아예 안 마시는 것이다. 화장실에 가는 걸 참는 게 아니라 그 근본 원인을 제거하자는 방책이겠다. 비뇨기과 전문의들에 따르면, 이렇게 되면 탈수 현상이 불가피하게 생겨나고 일의 능률을 해치게 된다. 화장실 이용을 통제해 회사는 몇 분의 추가적인 '생산시간'을 확보하겠지만, 그렇게 늘어난 시간 동안 노동 능률은 떨어지니, 결과적으로 회사에 주는 이득은 거의 없다. 오히려 회사로서는 손해 입을 위험도 있다.

단기적 문제뿐만이 아니다. 중·장기적 문제도 고려해야 한다. 잘 알려진 대로, 생리적 현상을 지나치게 오래 참으면 병이 된다. 방광에서 박테리아가 무지막지하게 자라서 여러 가지 문제를 일으킬 수 있다 한다. 특히 여성의 경우 그 위험이 크다. 나이 먹어 비뇨기 기능이 떨어지는 중·노년도 마찬가지다. 비뇨기 관련 질환으로 고생하는 사람들에게 화장실 통제는 사실상 차별적이다.

화장실 이용 통제는 경제적이지 않고 무엇보다 노동자의 건강에 좋지 않은 영향을 미친다. 기업과 노동자 모두에게 이익이 되지 않는다. 그럼에도 이런 일이 생기는 이유는 무엇일까? 기업마다 제각각 복잡한 사정이 있겠지만, 보편적으로 발견되는 현상이 하나 있다. 화장실 통제의 핵심은 '화장실'이 아니라 '통제'다. 화장실 이용 문제를 통해 기업의 노동자 규율을 강화하려는 것이다. 화장실에서 페이스북을 보며 농땡이를 치는 직원 수가 극히 적다 하더라도, 이를 규제함으로써 전반적인 노동 규범을 재확립하자는 생각이 깔려 있다. 이에 따르는 비용을 기업이 감내하려는 이유이기도 하다. 그래서 그 대상이 꼭 화

우리는 조금 불편해져야 한다

장실일 필요는 없다.

한때 한국의 대형마트 계산대에서 일하는 노동자들은 의자 없이 서서 일했다. 서서 일해야 게으름을 부리지 않고 열심히 일할 것이라는 믿음 때문이었겠다. 하지만 하루 종일 서서 일하며 육체적 어려움을 견뎌야 하는 계산대 직원들의 생산성이 높을 거라는 기대는 환상에 가깝다. 혹 단기적 생산성 향상은 있을지 모르겠으나, 이렇게 짜낸 생산성은 그리 오래가지 못한다. 대형마트의 경영진도 알고 있는 사실이지 싶지만, 이런 식으로 직원들을 과도하게 피곤하게 만드는 것이 통제 전략으로 괜찮다고 판단했을 가능성이 높다.

여기에 한가지를 더 보태야 한다. 직원이 서서 손님들의 계산을 도와줌으로써 소비자에게 '왕' 대접을 받는다는 인상을 준다는 의도도 있다. 다소 극단적으로 표현하자면, 기업의 이해와 '왕'이고자 하는 소비자의 이해가 맞아떨어진 것이다. 그 결과는 '서서 일하는 노동자'의 열악한 노동 환경이다. "서서 일하는 노동자에게 의자를"이라는 캠페인도 그렇게 시작됐다. 관련 법규도 있다. 산업안전보건법상 산업보건 기준에 관한 규칙에 따르면 "사업주는 지속적으로 서서 일하는 근로자가 작업 중 때때로 앉을 수 있는 기회가 있는 경우에 해당 근로자가 이용할 수 있도록 의자를 갖추어 두어야 한다"(제16조).

그러나 여전히 '서서 일하는 노동자'가 많다. 더러 의자가 구비돼 있지만, 거기에 앉지 못하고 10시간 이상 서서 일한다. 다리에 통증이 오면 화장실에 가서 변기 위에 앉아 쉬는 게 상책이라고도 한다. 의자를 두고 왜 그러냐고 물으면, 대답은 두 가지다. 첫째는 관리직의 눈치가 보인다는 것이다. 앉으면 게으름을 피우는 것이라는 관리직의 편견 때문에 의자는 늘 비워져 있다. 둘째는 손님들이 싫어한다는 것이다. 손님들의 심기를 거스르지 않으려고 눈치를 본다. 심지어 짝다리도 불량스러워 보일까봐, 마치 군대 도열하듯이 한 치의 흔들림 없이 하루 종일 서 있다. 이리 되면 기업은 소비자의 불평이 좋은 핑곗거리가 된다. 직원들에게 의자를 제공해 쉬게 하고 싶으나, 손님이 싫어 하니 별 도리가 없다는 얘기다. 그 손님들의 상당수는 내일 아침 의자가 없거나 화장실 이용이 자유롭지 못한 일터로 나갈 것이다. 하지만 소비자와 노동자는 이렇게 간단히 분리되고, 기업의 통제 논리는 이런 빈틈을 얄미우리만큼 잘 활용한다. 그래서 의자 통제의 정치학은 화장실 통제의 정치학보다 조금 더 복잡하다.

일하는 환경을 바꾸는 일은 고답적이고 추상적인 문제가 아니다. 화장실에 편하게 다녀올 수 있고, 다리가 아프면 쉴 수 있는 의자를 만드는 일이다. 이런 간단한 자유를 허용한다고 해서 생산이 줄고 이윤이 떨어지는 것도 아니다. 과잉된 통제의 논리와 소비자의 논리를 버리면 그리 어렵지 않게 해결될 일이다. 그러려면 노동자 개개인의 삶과 노동에 대한 존중이 절대적으로 중요하다. 화장실에 가지 않는 직원에게 1달러의 수당을 주는 정책에는 그런 존중감이 없다. 의자에 앉을 시간 없이 장시간 서 있는 노동자의 서비스를 받으면서 제대로 대접받았다고 느끼는 소비자도, 이런 상황을 십분 활용하는 기업도 마찬가지다.

최근 한국의 산업재해 상황을 발로 뛰며 기록한 책이 나왔다. 르포 작가 희정이 쓴 『노동자, 쓰러지다』이다. 그 책에 실린 일터의 현실은 참담하다. 문제는 산적해 있으나, 해법은 요원해 보인다. 그 책에서 가장 인상적인 구절은 이랬다.

> 노동안전보건 단체에서 일하는 사람에게 물은 적이 있다. 인간이 일하다 죽지 않기 위해서는 무엇이 필요하냐고. 그는 '감수성'이라 대답했다. 안전장치와 관리·감독과 구조와 시스템을 제치고, '감수성'이라니. 그는 인간이 일하다 죽는 것을 아파하는 감수성이 우리에게 있어야 한다고 했다. 그 대답이 오래 남는 까닭은 죽음을 하찮게 보도록 연습되어진 우리 삶 때문이다. 노동자가 일하다 죽는 사회보다 더 문제는, 노동자가 일하다 죽는 것을 당연한 것으로 여기는 사회다.
>
> — 『노동자, 쓰러지다』 57~58쪽

물론 타인의 고통에 대한 감수성과 공감이 근원적 해법은 아니겠다. 하지만 화장실에 갈 자유, 그리고 의자에 앉을 자유를 보장하기 위해서는 남의 고통을 같이 아파해주는 법부터 연습해야겠다. 그게 미약하지만 큰 첫걸음이다. 아픔을 돈 따위의 문제로 돌리지 말고, 아픔을 아픔 그대로 받아들이는 게 그렇게도 힘든 세상이다.

우리는 조금
불편해져야 한다

공항을 내 집처럼 가까이해야 하는 게 나의 일이다. 긴 출장을 마치고 집으로 돌아올 때면 다시는 가지 않겠다고 매번 호기를 부려보지만, 한동안 비행기를 타지 못할 때면 나도 모르게 공항으로 차를 몰고 있는 자신을 발견하곤 한다. 금단현상치고는 참으로 희귀하고 어이없다.

덕분에 비행기의 속살을 볼 기회가 많다. 사람이 다르고 민족이 다르듯이 비행기 내부에서 살림을 꾸리는 방식도 참으로 다르다. 두 가지 장면이 아직까지 머릿속에 또렷하다. 첫 번째 장면은 싱가포르항공과 대한항공을 연결하는 출장길이다. 만사를 제쳐두고 자고 싶었던 나는 식사도 거절하고 잠을 청했다. 5시간 남짓한 비행이었고, 나는 도착할 즈음에야 깨어났다. 시간이 그리 많이 지났다는 걸 알고 놀랐다. 하지만 나를 더 놀라게 한 것은 따로 있다. 내가 눈을 비비고 일어나자마자, 여자 승무원이 쏜살같이 달려와서 식사를 하겠느냐고 물었다. 비몽사몽이던 내게 눈곱을 떼어 낼 시간조차 주지 않은 민첩함이었다. 고맙기보다는 불편했다. 그녀가 노심초사 미몽 속의 나를 지켜보고 있었다는 데 생각이 미친 까닭이다.

연결편으로 타게 된 대한항공은 '개인'이 없는 곳이었다. 몸매도 비슷하고 심지어 비슷하게 생긴 여승무원들이 똑같은 화장을 하고 유니폼을 입었고, 말하는 방식조차 똑같았다. 정형화된 서비스가 인간으로 체화된 공간이었다. '우수 고객'인 내게 사무장이 다가와 고개를 90도 숙이고 인사를 한다. 최선을 다하겠다는 다짐을 내게 한다. 화들짝 놀라서 나도 엉겁결에 고개를 숙이고 인사를 한다. 나도 승객으로서 최선을 다하겠다는 다짐이라도 해야 할 것 같았지만, 그 광경의 생경함에 고맙다는 말로 얼버무렸다. 고개 숙인 그의 어깨 위에서 나는 서늘함을 느꼈다. 저돌적인 서비스는 불편하다. 모든 것이 가능하겠다는 착각마저 주는 밀폐된 공간에서 승무원들은 승객 눈치 보느라 어쩔 줄 몰라 했다. 나도 같이 불안해졌다.

두 번째 장면은 네덜란드 항공사인 KLM에서다. 좁은 비행기 안에서 10시간 넘게 중노동을 하는 승무원들은 건장하고 엄격하다. 기내 규칙에 관해서는 한 치의 양보도 없다. 어느 칸에 타고 있든지 그가 누구이든 관계없다. 때로는 손님 대접을 제대로 받지 못하는 느낌마저 들지만, 다른 한편으로는 은근히 신뢰가 간다. 그리고 승객 이름을 수

고스럽게 외워서 부른다. 나도 그녀의 이름을 부른다. 그들은 최상의 서비스를 제공하지만, 자신을 불필요하게 낮추는 법 없이 당당하다. 절제된 친절함이다. 식사가 제공되고, 승객이 잠을 청하면, 승무원도 자유롭다. 잠에서 잠시 깨어 화장실에 가는 길이었다. 여승무원이 컴컴한 비행기 구석에서 의자를 가져다두고 희미한 불빛 아래 신문을 읽고 있다. 눈을 잠시 마주치자, 그녀는 지금은 쉬는 시간인데, 혹시 필요한 게 있느냐고 묻는다. 없다고 하니, 잠시 미소를 짓고 신문을 다시 읽는다. 나 또한 그녀의 휴식을 방해하고 싶지 않았다. 거기서 나는 노동하는 당당한 개인을 보았다.

또다른 두 가지 장면이 있다. 좁은 기내에서 샴페인을 제공하다 보면 크고 작은 일들이 생긴다. 급하게 가지고 와서 병을 열다 보면, 샴페인이 터져서 승객 옷에 쏟아지는 '참사'도 생긴다. 연전에 어느 유럽 항공기에 탄 한국인에게 그런 일이 있었다. 파란 눈의 승무원은 당황해 하면서, 승객에게 티슈를 건네고 주위를 닦았다. 한국인 승객도 놀랐지만, "이건 파티 같네요." 하며 오히려 승무원을 위로했다. 아무 일 없다는 듯이 정리되었다. 어느 한국 국적 항공기에서도 같은 일이 생겼다. 이번에는 한국 승객이 진노했다. 여자 승객은 날카로운 비명을 질렀고, 남편으로 보이는 남자 승객은 험한 소리를 내뱉었다. 여승무원은 중죄인처럼 빌었고, 다른 승무원도 단숨에 달려와 용서를 구했다. 겨우 정리가 된 뒤에도, 승객은 좀체 화를 풀지 못했다. 여승무원은 비행기 뒤편으로 불려간 뒤로는 내내 풀 죽어 있었다. 같은 사고에 대한 반응은 이토록 달랐다.

우리는 조금 불편해져야 한다

옛적에 장자가 빈 배를 두고 한 말이 있다. 『장자』 외편에 나오는, 널리 회자되는 얘기다. 배를 타고 강을 건너가다가 빈 배에 살짝 부딪히게 되면, 그가 아무리 성격이 나쁜 사람이라 하더라도 화낼 까닭이 없다. 하지만 그 배에 사람이 있으면 사정이 달라진다. 소리를 치면서 난리를 치게 되고, 욕설도 마다하지 않는다. 배에 살짝 부딪혀서 별다른 피해가 없다는 사실은 똑같은데, 왜 한 번은 화를 내고 다른 한 번은 그러지 않는가? 장자가 이르기를, "앞에서는 노하지 않았는데 이번에는 노하는 것은, 앞서는 빈 배였지만 이번에는 사람이 타고 있기 때문이다". 그리하여 장자는 삶을 빈 배처럼 살라고 가르쳤다. 그러면 싸울 일도, 화낼 일도 없을 것이라 했다.

하지만 장자가 설명하지 않은 게 있다. 부딪힌 배에 사람이 있다고 해서 사람들이 항상 화를 내는 것은 아니다. 그 배에 있는 사람이 누구인지에 따라 사정은 달라진다. 지체 높은 분이 그 배에 있었다면, 빈 배에 부딪혔을 때 본능처럼 나올 '젠장'이라는 비명조차 내뱉지 못할 것이다. 하지만 그곳에 만만한 자가 있었다면, 욕설도 모자라 멱살마저 잡았을 터다. 결국 너와 나의 관계가 문제다.

우리가 살고 있는 자본주의 사회는 자유로운 시민들이 '자발적으로' 노동 서비스를 제공하고 그에 대한 금전적 보상을 받아 생활해 나가는 곳이다. 노동과 임금이 자발적 의사에 기초해 교환되는 노동 계약이 핵심이다. 자발성과 자유 때문에 노예 '계약'과 구분된다.

하지만 노동 계약에는 빈틈이 많다. 특정 액수를 받고 특정 시간 동안 일하기로 약속하는 게 일반적이지만, 정작 어떻게 일할지는 애매하다. 실제로 이를 특정해서 계약서에 일일이 적는 것은 불가능하다. 그래서 경제학자들은 이를 '불완전 계약'이라 부른다. 노동 계약의 태생적 운명이다. 자유롭게 계약한 뒤 일터로 들어서는 순간부터 불확실성의 공간이 열린다.

노동 계약의 빈틈에 존중과 성취가 자리하는 경우도 있다. 그러나 전횡, 권위, 규율 그리고 물리적·언어적 폭력이 밀고 들어서기도 한다. 최근에 주목받은 드라마 〈미생〉에는 신뢰와 협동으로 돌파하는 장그래의 영업팀도 있고, 부장의 발길질과 욕설로 움직이는 팀도 나온다. 성희롱까지 가세한 아슬아슬한 상황이 연출되지만, 자유로운 개인과 고용주의 계약이라는 노동 계약이 팀원에게 해줄 수 있는 것은 많지 않다. 떠날 자유는 있지만, 이에 맞설 자유는 이론적일 뿐이다.

아파트에 살고 있는 수많은 우리들은 경비원을 고용한다. 엄밀히 말하면, 그들의 노동 서비스를 산 것이다. 그들의 인격까지 산 것은 아니다. 노예 계약이 아닌 까닭이다. 따라서 그들에게 험한 소리를 내뱉거나 무시하거나 홀대할 권리가 우리에게는 없다. 하지만 노동 계약의 빈틈 때문에 우리는 주인 행세를 한다. 저쪽 처지가 궁박해서 주인 행세를 용인해주면, 노동 계약은 주종 관계로 전환된다. 그래서 노동 계약과 주종 관계 사이의 간극은 그리 멀지 않다. 노동 계약에서 노동자의 인격이 사라지는 이런 전환은 신속하고 쉽지만, 돌이키는 일은 더디고 고통스럽다.

고용 관계에서 존중받지 못하는 노동은 고객에게도 홀대받기 마련이다. 영화 〈카트〉에는 마트에서 막무가내로 무시당하는 여성들이 나

우리는 조금 불편해져야 한다

온다. 그녀들은 고객의 횡포에도 속수무책으로 무너진다. 이 적나라한 이중 횡포를 영화는 충격적으로 그려낸다. 제대로 대접받지 못했다고 항의하는 고객을 달래기 위해 회사는 노동자를 고객 앞에 무릎 꿇게 한다. 고객은 기업을 통해 노동자를 대하는 방식을 배운다. 샴페인이 내 옷으로 쏟아졌다고 해서 승무원에게 욕지거리를 마음껏 해댈 수 있는 고객의 자유도 그렇게 나온다.

평소 땅콩을 즐기지도 않았을 일등석 승객이 땅콩을 문제 삼아 비행기를 돌렸다. 재벌녀가 벌인 일대 촌극만으로 볼 일은 아니다. 구멍 숭숭한 노동 계약으로 살아가는 세상이 비극적으로 스스로를 드러내는 방식이다. 그녀도 딴에는 억울하겠다. 항공사의 고위 임원이 직원에게 소리 지르고 서류철을 던지고 하는 일은 〈미생〉에 나오는 일상이다. 그녀가 치명적으로 잊고 있었던 것은 그녀가 기내에 고용주이자 승객으로 있었다는 점이다. 비행기는 일터이자 승객이 머무르는 공공의 공간이다. 후자를 잊었다. 하지만 망각은 우연이 아니다. 대대손손 고용주이다 보니, 그녀에게 '인간의 자유로운 노동 계약'이란 추억의 대상조차 되지 못한다. 주종 관계로의 전환은 오래전에 이루어졌기 때문이다.

노동 계약의 빈틈을 존중과 협력으로 채우는 기업도 적지 않다. 하지만 이런 '착한' 기업의 결단에만 의존할 수는 없다. 그러기에는 사정이 너무 엄중하다. 노동자는 노동 계약 이전에 한 인간이고 존중받아야 할 시민이다. 노동 계약서에 도장을 찍었다고 이런 권리가 소멸되는 것은 아니다.

그래서 장자는 틀렸다. 빈 배로 살아갈 일이 아니라 배 안에 당당한 노동자 시민을 싣고 다녀야 할 일이다. 그래야 땅콩을 두려워하지 않고 일할 수 있고, 고객 앞에 당당하게 친절할 수 있다. 당당하게 쉬면서, 며칠 밀린 신문도 뒤적거려볼 수 있다. 그러려면 생각과 힘을 모아야 한다. 불량 기업에 대해서만 불매운동을 할 게 아니다. 정형화된 과잉 친절을 직원에게 강요하는 기업을 거부하고, 우리는 조금 불편해져야 한다.

고객은 왕이 아니다. 고객은 자신이 필요한 물건이나 서비스를 사는 소비자일 뿐이다. 기업도 왕은 아니다. 노동자의 노동 서비스와 자본을 잘 버무려 이윤을 내고자 할 뿐이다. 고객도 기업도 노동자의 영혼을 요구할 권리도, 파괴할 권리도 없다. 기업이 존중하지 않은 노동은 고객도 존중하지 않는다.

노동조합의
우울한 자화상

조지 오웰을 오래 괴롭힌 질문이 '가장 가치 있는 노동이 그에 상응하는 대우를 받지 못하는 이유'였다고 한다. 그래서 당시 노동자들의 목소리를 생생히 전하고자 했다. 또 그런 목소리를 모아내고자 노동조합이 성장해갔다. 1940년대 전후의 얘기이다. 그 후 사회·경제가 눈부시게 변해왔지만, '노동자의 목소리'를 모으는 일의 중요성은 여전하다.

하지만 그렇게 하는 일이 점점 어려워지고 있다. 우호적이지 못한 사회·정치적 환경 탓이 크지만, 꼭 그런 것만으로 돌릴 수는 없다. 정치적으로 노조에 우호적인 상황이 펼쳐지고 있는 미국과 일본의 경우를 보면 드는 생각이다. 경제만 위기인 것은 아닌 듯하다.

전설처럼 전해지는 미국 루즈벨트 대통령의 발언이 있다. "내가 만일 공장에 가서 일하게 된다면, 제일 먼저 하고 싶은 것이 바로 노조 가입이다."

생활 수준의 향상과 역사적 진보를 위해 노동조합의 역할이 결정적으로 중요하다고 믿었고, 그 믿음을 실질적인 노동정책의 대전환으로 이끌어 냈던 루즈벨트 대통령이었으니, 이런 발언은 그다지 놀랍지는 않다. 미국 역사상 가장 진보적인 노동법과 노사관계 제도를 도입한 장본인이었다. 물론 이 모든 것이 당시 노동자들의 헌신적인 노력과 저항 덕분에 가능했다. 루즈벨트 행정부의 정책적 지원에 힘입어 노동조합은 급속히 팽창했다. 대통령도 노조에 가입하고 싶었다고 하는 판국이니, 노조에 대한 주저함이나 두려움은 썰물처럼 밀려났다. 노동조합의 황금시대는 그렇게 찾아왔다.

하지만 위기가 곧 뒤따랐다. 루즈벨트 대통령이 물러나자마자, 공화당은 노조 활동을 제약할 수 있는 법률적 조치들을 도입했다. 1947년 태프트-하틀리 법Taft-Hartley Act이 제정되어, 노조 결성은 전체 노동자의 과반수 지지가 있을 때만 가능하게 하고, 이렇게 어렵사리 결성된 노조의 활동에 대한 엄격한 제약도 보태졌다. 이 법안 덕분에 그간 분열된 노조가 단결하는 계기가 마련되어 미국노동자협회AFL와 산업별노동조합회의CIO의 양대 노조가 통합되었지만, 미국의 노조는 이때부터 힘을 서서히 잃어갔다. 1960년대 이후로 지속적으로 진행된 노조 조직률의 하락은 '자유 낙하'에 가깝다. 30% 이상에 달하던 조직률은 이제 10% 수준에 근접해 있다. 그나마 공공부문을 제외하면, 한자리

우리는 조금 불편해져야 한다

숫자가 된다.

노조의 약화는 일부 기업에겐 환영할 만한 일이었겠지만, 사회·경제적 손실도 적지 않았다. 노조 조직률이 20% 이하로 떨어지면서, 노동자의 교섭력은 현저히 약화되었고 임금 인상은 억제되었다. 노동생산성은 비약적으로 상승했으나, 임금은 이를 따르지 못했다. 이윤몫은 폭증했다. 임금 불평등도 증가했다. 걱정하는 목소리가 나올 때마다 '새로운 경제의 도래'를 외치는 목소리에 묻혔다. 노동자의 상대적 구매력은 약화되면서, 가계 부채는 증가했다. 이런 여러 요인들이 결합되어 나타난 것이 오늘날의 경기대침체Great Recession다.

이번에는 오바마가 제2의 루즈벨트를 자처하고 나섰다. 2007년 대통령 선거 기간 동안 그는 소리 높였다. "내가 백악관에 있는 동안 미국 노동자의 결사 및 단체협상권이 거부당하는 일이 생긴다면, 나는 당장 편안한 신발로 바꾸어 신고, 일국의 대통령으로서 여러분과 함께 피켓 라인에 서겠다." 약속대로 오바마는 당선 이후 정책 변화를 모색했다. 저임금 노동자를 돕기 위한 최저임금 인상에서 시작하여, 최근에는 노조 결성을 지원하는 노력을 해왔다.

기회도 왔다. 그것도 미국 노조의 핵심인 자동차 산업에서 새로운 움직임이 생겼다. 미국자동차노조UAW는 한때 포드, GM, 크라이슬러 등 미국 3대 자동차 회사의 노조를 거느린 막강 노조였는데, 특히 1980년대 이래로 이른바 날씨도 좋고 '노조 없는' 남쪽 동네로 자동차 산업이 옮겨 가면서 그 영향력이 줄었다. 직접 투자로 진출한 다국적 기업들은 모두 이쪽에 자리 잡았고, 노조는 없었다. 따라서 노조가 빈사 상태에서 살아난다면, 그 첫 신호탄은 당연히 여기서 쏘아올려야 했다.

오바마 행정부라는 우호적인 정치적 환경도 있었다. 게다가 여기 진출한, 특히 테네시 주에 진출한 폭스바겐은 공장평의회(또는 노조)를 통한 협상과 합의를 그들의 세계경영 전략의 핵심으로 선언했다. 독일 노조의 감시 눈초리도 만만치 않았다. 미국만이 예외였다. 따라서 폭스바겐 입장에서는 퍼즐 하나가 빠진 듯한 답답한 상황이었다. 한국과 일본 기업들의 눈치가 있어서 팔 걷고 나서지는 못했지만, 노조 결성을 환영한다는 메시지를 꾸준히 보냈다. 폭스바겐은 이미 경쟁 업체보다 임금도 높게 주고 있었다. 그간 기업의 반대 때문에 노조가 좌초된 터라, UAW로서는 절호의 기회가 왔다.

미국에서 노조 결성은 험난한 일이다. 세계적으로 악명이 높다. 노동자들이 노조 결성 여부를 두고 투표를 해서 과반 득표를 해야 한다. 같은 직장 동료가 노조를 만들려고 할 때, 이에 관심 없는 이들도 발언권이 있는 셈이다. 하지만 기업도 찬성하는 일이고, 심지어 몰래 도움도 주는 상황이라 모두들 낙관했다. 일전에 만난 국제노조 관련자도 주저없이 낙관했다.

폭발적인 관심사였다. 특히 공화당 쪽에서 민감하게 반응했다. 대대적인 반대 캠페인을 전개했다. 우리 동네에 노조가 생기면, 투자가 줄고 세제 혜택도 없을 것이라는 주장이 난무했다. 미국 남부의 독특한 정서적 반대감이 컸다. 갈수록 캠페인 수위를 높여갔다. 막말도 나왔다. 이에 위기 의식을 느낀 것인지, 오바마도 막판에 한마디 거들었다. 그 예의 원칙적인 입장을 확인했다. 노조 결성의 자유가 있으니, 공화

우리는 조금 불편해져야 한다

당은 간섭 말라고 은근히 노조 편을 들어 주었다.

하지만 투표 결과가 참담했다. 반대 712, 찬성 626. 부결되었다. 적지 않은 표차였다. 당혹해진 UAW는 공화당을 비롯한 '외부 세력의 개입'을 맹렬히 비난했다. '그들'을 위해 노조를 만들라 하고, 기업도 그러면 좋겠다고 했는데, 정작 노동자는 싫다 했다. 결국 오바마는 루즈벨트가 아니었고, 이 두 대통령 사이에 놓인 70년의 세월 동안 노동자와 노조 모두에게도 많은 변화가 있었다.

노조의 궁색해진 처지는 일본에서도 마찬가지다. 1960년대 미국과 거의 유사한 수준의 노조 조직률도 하락 추세를 면하지 못했지만, 그나마 하락 수준은 적다. 하지만 노조가 종이 호랑이가 된 지는 오래다. 1990년대 이후로 만성적인 불황이 지속되면서, 노조는 임금 협상을 제대로 해 본 적도 없다. 그 유명한 '춘계투쟁'(춘투)도 매년 반복되는 꽃구경이 되어 버렸다. 미국과 마찬가지로 노조 조직률의 하락은 자충수가 되었다. 임금이 제대로 오르지 않으니, 소비 구매력은 떨어지고, 결국 이것이 내수 부진으로 연결되어 경제의 발목을 잡게 되었다. 임금이 오르지 않으면서, 디플레이션의 그늘에서 빠져 나올 방법이 보이지 않았다.

2014년의 일본에서는 아베 총리가 나섰다. 임금 인상을 외쳐봐야 기업도 노조도 움직이지 않으니, 총리가 작년부터 직접 기업을 만나면서 통사정을 했다. 노조에 대한 열렬한 그의 호소도 빈 메아리로 돌아왔다. 그래서 아예 협박과 강제를 동원했다. 올해 춘투를 제대로 하라고 주문했고, 대기업들은 특히 무조건 임금 인상을 하라고 했다. 그래도 기업이

미적대고 노조도 자신 없어 하자, 급기야 임금 인상에 협조하지 않는 기업들의 명단을 작성해서 발표하겠다고 했다. 일각에서는 정부가 '야쿠자'로 변신했다는 비아냥도 있었지만, 아베 정부는 개의치 않는 눈치다.

이렇게 떠밀려 토요타가 먼저 나섰다. 기업과 노조는 '무려' 1%에 달하는 임금 인상안에 합의했다. 다른 기업도 잇따라 비슷한 규모의 임금 인상안을 발표하고 있다. 그나마 이것도 대기업 얘기일 뿐, 중소기업 쪽에서는 별다른 소식이 없다. 게다가 2014년 물가상승률은 2% 남짓했고, 부가가치세도 올랐다. 임금은 쥐꼬리만큼 오르고, 물가는 '산'만큼 오른 데다가 정부가 떼어가는 세금은 늘었다. 정부가 총동원되어서 이룬 임금 인상은 실질임금 삭감이라는 허무한 결론으로 끝났다.

태평양을 두고 서로 마주 보고 있는 일본과 미국은 이제 노동조합에게 어려운 공통의 질문을 던지고 있다. 과거처럼 노조 활동의 어려움을 마냥 외부 정치 환경에만 돌릴 수 없다. 노동자가 왜 노조를 멀리하려는지, 또 노조는 왜 노동자의 생활 향상과 사회적 진보에 적극적으로 기여할 수 없게 된 것인지를 근본적으로 묻고 있다. 경제만 위기가 아니다. 노조도 위기다.

앞서 인용한 열정적인 발언은 오랫동안 루즈벨트의 것이라고 믿어왔는데, 최근 들어서는 그 출처가 불분명하다는 얘기들이 나온다. 그가 말했을 법해서 무조건 믿었으나, 이를 입증할 증거는 없는 모양이다. 두 나라 노조의 처지도 그러하다. 당위론과 믿음을 넘어, 노조가 온몸으로 그 존재를 증거해야 할 시간이다. '증거의 날'이 너무 늦지 않기를 바라는 마음이다.

2부

경제학과의 불화

이건 시막에 불과했단다. 돈 욕심으로 무장한 경제 논리로 세월호가 침몰했지만, 너희를 살려낼 기회는 있었지. 우리나라에는 해경도 있고, 이순신의 후예인 해군도 있으니까. 하지만 구조 작업이 어찌되었는지는 너희가 고통스럽게 기억하잖니. 세월호의 추악한 욕심을 막지 못한 게 첫 번째 실패라면, 참혹할 정도로 허접한 구조 작업이 두 번째 실패였단다. 수천만 명의 사람들이 발을 동동거리며 뜻을 모았지만, 이 두 가지 실패는 오랫동안 쌓여 화석이 되어버려 어찌하질 못했단다. '관행'과 '경제 논리'를 말하기 좋아하는 사람들은 갑자기 침묵하기 시작했어.

자본주의,
그동안 수고하였습니다

　　'그들'의 자본주의가 위기다. 회복의 소문만
무성할 뿐, 7년이 지난 지금도 위기는 진행형이다. 자본주의도 사회
적 생물체이니 부침이 있기 마련이다. 거대한 공장, 굴뚝 연기, 그리고
노동의 땀으로 버무려 만든 산업혁명이 마무리되던 19세기 말에서 제
1차 세계대전이 있기 전까지 자본주의의 호시절이 있었다. 풍요의 노
래가 흘렀다. 영국에서는 대영제국에 걸맞게 여왕의 이름을 따서 '빅
토리아 시대'라 했고, 프랑스에서는 풍요를 문화적으로 승화해 '아름
다운 시대La Belle Epoque'라고 불렀다. 미국의 성공이 유난히 두드러졌
다. 화려한 만큼 졸부의 그림자도 생겼다. 그래서 마크 트웨인은 모든
것에 금박을 입혀 부를 과시하는 '금박 시대Gilded Age'라고 비꼬았다.

이런 풍요 속에 숨겨진 과잉과 불균형은 두 차례의 세계대전과 대공황의 참화를 통해 드러났다. 생산만 늘어나면 만사가 해결될 것이라는, 산업혁명 이후 지속되어 온 기술 및 생산 낙관주의에 처음으로 의문이 생겼다. 스스로 만든 늪에 빠진 '자본주의 일병'을 구해 내려 했던 존 메이너드 케인즈가 생각한 자본주의 구출기의 핵심도 바로 여기에 있었다. 생산 능력이 천문학적으로 팽창해 시장에 물건이 넘치지만, 정작 그 물건을 살 사람이 없다는 게 경제 문제의 요체라고 그는 믿었다. 생산 수준에 걸맞게 만인의 소득 수준이 올라가서 소비가 원활하게 이뤄지도록 해야 하고, 이런 선순환을 만들어 내는 것이 곧 사회와 정부의 책임이라고 주장했다. 일부 기업은 이를 본능적으로 이해했다. 자동차 대량 생산의 신기원을 열어젖힌 헨리 포드는 하룻밤 새 공장 노동자의 임금을 두 배 올림으로써 자신의 노동자를 자동차의 생산자이자 잠재적 고객으로 만들었다. 그래서 만신창이 지경인 그들의 자본주의에 대한 자신감도 되찾았다. 특히 20세기 초반, 케인즈의 낙관주의는 16세기 토머스 모어의 유토피아를 닮아 있었다. 그의 손자 시대, 그러니까 우리 세대에서는 하루 3시간 노동만 해도 풍족하게 살 수 있을 거라고 단언했다. 생산력은 충분하고 골고루 나눠 갖는 '쉬운' 문제만 남았다고 생각했기 때문이다.

자본주의는 이런 고통을 통해 교훈을 얻었고 한때 자신감도 얻었다. 제2차 세계대전 이후에는 분배의 균형을 맞추려는 노력이 본격화됐다. 무수히 자라나는 공산주의의 위협을 경계할 필요도 있었다. 기업과 노동이 합심해 자본주의를 운영해 보자는 이른바 '포드주의적 사

우리는 조금 불편해져야 한다

회협약'이 명시적이거나 암묵적으로 도입됐다. 또 한번 유례없이 생산력이 높아지고, 그만큼 임금도 늘었다. 노동생산성과 임금이 사이좋게 발맞춰 증가했다. 시민들은 노동자이자 소비자로서 발언권을 높여갔다. 한 사회의 시민으로서 품위 있게 살아가기 위해, 또 자본주의의 변덕스러운 경기변동으로부터 시민들을 보호하기 위해 사회복지 체제가 만들어졌다. 그들의 자본주의에서 '우리'가 만난 시기였다. 마크 트웨인이 조롱했던 금박 입힌 자본주의가 아니라, 진짜배기 순금이 보이기 시작했던 시기다. 경제학자들은 '자본주의의 황금기Golden Age of Capitalism'라고 불렀다.

하지만 늘 그렇듯이 황금기는 잠시 빛날 뿐 오래 가지 못했다. 그들의 대대적인 반격이 시작됐다. 1980년대 신자유주의의 도입이 그 신호탄이었고, 1990년대에 들어서는 공산주의가 붕괴하고 세계화가 시대정신으로 등장함에 따라 그 여파가 뚜렷해졌다. 연대와 공존 대신, 자유와 시장이라고 쓰인 깃발이 도처에 날리기 시작했다.

그들의 자본주의가 돌아왔다. '시장 효율성'과 '고성장'이라는 기치 아래 복잡한 이론과 논리가 동원됐지만, 결국 그 핵심은 그들을 위한 분배 투쟁이었다. 임금에는 각박해지고 그들이 분담해야 할 비용은 모르쇠 하면서 사회나 정부에 이를 떠넘겼다. 이러한 분배 투쟁에 걸림돌이 되는 간섭과 규제는 시장의 이름으로 결사 반대했다. 동시에 공장 확장이나 기계 구입 같은 생산 투자보다는 쉽게 돈을 돌려 이윤을 늘리는 방법도 찾았다. 금융은 생산이 번잡함을 피하면서 돈을 불린 수 있는 알라딘 램프가 되었다. 이게 금융의 진정한 역할을 방기하는 것이라 걱정하는 이들에게는 훈계가 따랐다. 금융화란 새로운 경제 시대의 도래를 의미하며, 낡은 사고방식을 가진 이들이 도무지 이해할 수 없는 신개념이라 했다.

새로운 시대가 가져온 결과는, 그러나 전혀 새롭지 않은 것들이었다. 우선 노동소득은 상대적으로 줄어들고 그만큼 자본소득은 늘어났다. 경제협력개발기구OECD 회원국의 경우, 총소득 중 노동이 가져가는 비율을 의미하는 노동소득분배율은 2010년 기준으로 1970년대보다 10% 포인트 이상 떨어졌다. 일본에선 하락폭이 15% 포인트를 넘었다. 생산과 노동소득의 균형이 붕괴됐기 때문이다. 노동생산성은 1970년대 이후 약간 감소했으나 꾸준히 연평균 2% 전후로 증가했다. 하지만 임금증가율은 이에 훨씬 못미쳐 1% 전후에 머물렀다. '임금 절약'을 통해 투자가 늘어나서 결국 노동자에게도 이익이 될 거라는 기대도 있었지만, 결과는 정반대였다. 투자는 이윤 증가만큼 늘지 않았고, 투자되지 않은 이윤은 금융권으로 몰려들었다.

분배의 실패는 여기서 끝난 게 아니다. 전체적으로 줄어든 노동소득 몫이 개별 노동자들 사이에 분배되는 방식도 더 불평등해졌다. 엘리트 봉급생활자의 월급이 매년 치솟아 오르는 반면, 하층 노동자에게 그런 봄날은 찾아오질 않았다. 미국에서는 하층 10%의 임금이 지난 20여 년 동안 줄어드는 기현상까지 생겼다. 봄날은커녕 매서운 한파였다. 유럽도 예외는 아니었다. 정보기술IT과 세계화로 무장한 '아름다운 시대'의 도래를 노래하는 동안, 빈곤층과 저임금층은 늘어났다. 고용이 곧 복지라면서 취업을 강권하는 사회가 되었지만, 일을 해도 빈곤한 경우가 늘어났다. '근로빈곤층Working Poor'이라는 신조어가 생겨났다. 이를 문제 삼으면서 정부와 기업에 복지와 노동시장 대책을 요구하면, 그들은 성공한 1%를 가리키며 '하늘은 스스로 돕는 자를 돕는다.'라는 성경 말씀을 인용했다. 그러나 이 말은 성경에 나오지 않는다.

노동소득 몫이 줄고 그마저 불평등하게 나누어졌으므로, 소비 수요에 비상이 걸렸다. 생산은 계속 늘어나는데 소비가 따라가지 못했다. 케인즈가 일찍이 자본주의 고질병으로 걱정했던 이른바 '유효수요 부족' 문제가 불거졌다. 그렇다고 그들은 소득분배의 균형을 바로잡으려는 정공법을 택하진 않았다. 그 대신 국내 소비력 제약으로 팔리지 못하는 생산물을 다른 나라에 수출하거나, 가계에 싼 대출을 주선해서 소비를 부추겼다. 자연히 수출을 둘러싼 경쟁이 가열되어 전 세계적인 불균형Global Imbalance이 심화됐고, 다른 한편으로는 가계 부채의 급속한 증가가 위험 수위에 도달했다. 어느 쪽 방식이든 지속 가능하지 않았다.

완전고용도 사라졌다. 경제는 성장하지만 고용은 그만큼 늘지 않는 '고용 없는 성장Jobless Growth'이 완전고용을 대체했다. 중앙은행과 경제 담당 부서들도 공식 문서에서 '완전고용'이라는 단어를 슬그머니 지우기 시작했다. 한때 경제성장과 고용 창출이 혼연일체가 되었던 미국에서도 1990년대 말부터는 경제만 홀로 성장하기 시작했다. 유럽에서는 청년 실업이 두드러져 정치·사회 문제로 등장했다. 복지 혜택이 지나쳐서 노동 의욕을 꺾는다며 '일하기 않는 자는 먹기도 말라.'는 비판도 높아갔지만, 먹기 위해 일을 찾는 이들에게는 정작 일자리가 주어지지 않았다.

분배와 고용의 동시적 실패는 기업의 힘을 키웠다. 기업은 이렇게 강력해진 힘을 주저없이 휘둘렀다. 과거엔 기업이 부담했던 비용이 정부와 사회에 전가됐다. 숙련과 직업훈련은 국가와 기업의 공조를 요하는 투톱 전술을 필요로 하는데, 숙련 기술의 혜택자인 기업은 관련 비용을 점점 더 정부나 개인에게 떠넘겼다. 국가경쟁력 강화라는 명분하에 정부는 훈련 비용을 더 많이 떠안게 되었고, 특히 대기업은 자체 훈련보다 중소기업에서 훈련된 직원을 데려오는 손쉬운 방법을 택하게 되었다. 기업의 '태업'이었다. 채용도 마찬가지였다. 능력과 잠재력이 있는 젊은이를 잘 살펴 뽑도록 채용 과정에 투자하는 것이 기업의 마땅한 도리지만, 채용 비용은 갈수록 구직자들에게 전가됐다. 구직자가 경쟁적으로 스펙을 쌓아 스스로 가치를 입증해야 하는 본말전도가 생겨났다.

그들의 사회·경제적 기여는 이렇게 줄었음에도, 역설적으로 그들의 목소리와 영향력은 되레 커졌다. OECD 국가들의 평균 법인소득세는 1981년 49%에 육박했으나, 2013년 현재는 32%에 불과하다. 개인소득세의 변화는 더 두드러졌다. 한때 최고세율이 70% 이상 육박했던 것이 지금은 대부분 40% 수준이다. 예전보다 훨씬 더 가져갔지만 훨씬 덜 내는 구조가 만들어진 것이다. 그들의 힘이었다. 난공불락의 1 대 99 사회는 그렇게 만들어졌다.

이런 분배 투쟁으로 그들의 부가 쌓여가는 만큼 그들의 자본주의는 위태로워졌다. 상위 1%가 가져간 소득 비율이 역사상 최정점이던 시

우리는 조금 불편해져야 한다

기가 두 차례 있었는데, 공교롭게도 그 뒤를 이어 역사상 최악의 경제위기가 찾아왔다. 첫 번째가 1930년대 대공황Great Depression이고, 두 번째가 현재의 위기, 경기대침체Great Recession다. 그들이 자초한 일이니, 결자해지를 기대했다. 십시일반으로 돈 보따리를 만들어 안겨주며, 수습하는 일도 그들에게 맡겼다. 언성을 높이긴 했으나 멱살 잡는 일은 없었다. 경제를 위해 애쓴다는 그들의 발목을 잡았다는 볼멘 투정이 나올까 걱정이었다. 그런데 그들은 여전히 빈손만 내보인다. 오히려 당당해졌다.

그럼 어떻게 할 것인가? 결국 분배다. 우선, 분배 문제를 색안경을 끼고 보는 태도가 바뀌어야 한다. "사회주의는 비참함을 공평하게 나누는 경제이고, 자본주의는 축복을 조금 불평등하게 나누어가는 경제"라는 윈스턴 처칠식의 고전적인 꼼수는 더 이상 통하지 않는다. 그간 분배 개선을 마치 인위적이고 비시장적인 것이라 터부시해 온 분배 중립주의론은 역설적으로 가장 분배 지향적이었고 '그들을 위한 분배'를 실질적으로 정당화했을 뿐이다. 분배중립적 정책은 '존재하지 않는 곳'이라는 의미에서 유토피아적이다.

노벨경제학상 수상자 마이클 스펜서가 이끈 다보스 포럼의 '현안 위원회Global Agenda Council on New Growth Models'는 지난 수십 년간의 불평등은 시장 중심주의가 낳은 불공정한 결과라고 선언했다. 또 분배 형평성은 소득과 소비의 건실한 성장을 통해 안정적 경제를 이룰 수 있다고 인정했다. 따라서 자본주의를 위해서라도 어떤 분배를 중시하는 새로운 모델이 필요하다.

일각에서는 기술주의적 해석을 제시한다. 컴퓨터가 주도한 기술혁명으로 불평등을 피하기 힘들고, 고용의 어려움도 어쩔 수 없다는 입장이다. 그러나 기술혁명은 산업혁명 이래 자본주의의 숙명과 같은 것으로 새삼스러운 일이 아니다. 진정한 쟁점은 어떻게 기술을 사회와 경제에 이롭게 할 것인가 하는 정책과 제도의 문제다. 그 옛날 산업혁명 시절에는 노동자들이 자신의 일자리를 뺏어가는 기계를 파괴하려 했지만, 오늘날 노동자는 러다이트Luddites, 기계파괴론자가 아니다. 신기술을 배우려는 기술순응주의자에 오히려 가깝다. 어느 때보다 기술 변화의 순효과를 극대화할 조건이 성숙해 있다는 뜻이다. 기술 혁신을 근거로 전파되는 숙명주의는 정책무위론의 손쉬운 핑계이기 쉽다.

'분배의 재구성'은 곧 일의 재구성이다. 그들의 자본주의에서 노동의 변화는 심대했다. 우리가 익히 아는 노동 개념으로는 오늘의 노동 일상을 아우르기가 힘들다. 노동의 세계도 고임금과 저임금으로 양극화돼 있고, 차별이 구조화되어 있다. 분배의 재구성은 여기서도 필요하다. 일해도 빈곤해질 수 있는 사회에서는, 시민들에게 여하한 상황에서도 기본적인 소득 안정성을 보장해 줄 필요가 있다. 현금을 벌어오지 않지만 사회적 가치가 큰 활동도 '일'로 당당히 인정하고 사회적으로 보조해줘야 한다. 그렇다고 이 모든 것을 복지에 맡겨서도 안된다. 지난 30여 년 동안, 기업은 노동자에게 노동생산성에 못미치는 '불공평한' 임금을 지급했고, 이로 인한 생계의 어려움을 사회에 떠맡겼다. 즉 노동시장의 분배를 바로잡는 게 급선무다. 그렇지 않으면 다른 소득분배 정책이 정치적으로나 재정적으로 어려워져서 종국에는 분

우리는 조금 불편해져야 한다

배정책 전체가 무너질 위험이 있다.

결국 이 모든 것을 가능케 하는 정치가 문제다. 자본주의 경제를 위해 거침없는 목소리를 낸 루트비히 폰 미제스는 자유방임 자본주의 원리가 영속적 평화의 첫 번째 조건이라고 공언했다. 하지만 러셀은 이 말에 숨겨진 자유의 의미를 오래 전에 간파했다. "자본주의 옹호자들은 자유의 신성한 원리에 자주 호소하려고 하는데, 이건 기실 한 가지 격언으로 구체화된다. 운 좋은 자가 운 없는 자에게 아무 걸림돌 없이 횡포를 부릴 자유를 의미한다." 러셀의 단언은 다소 과장됐지만, 결국 자유의 형식적 존재가 아니라 그 내용을 보라는 경고다. 민주주의도 마찬가지다. 형식적·절차적 민주주의가 존재해 국민의 대표를 뽑는다고 해서 분배 형평성이 높아지는 건 아니다. 미국 매사추세츠 공과대학MIT의 대런 아세모글루와 그의 동료들의 연구에 따르면, 민주주의가 분배 개선을 해준다는 증거는 아직 없다. 오히려 민주주의는 비대화된 부와 기형화된 권력에 포획될 수 있다. 한쪽으로 부가 쏠리면, 그 부를 기반으로 정치와 정부를 포섭하고 이를 통해 부를 증식하게 하는 정책을 유도해 낼 수 있다. 형식화된 정치적 민주주의는 이렇게 경제적으로 비민주적 결과를 낳을 수 있다. 그들의 민주주의가 그러했다.

따라서 이제는 그들의 자본주의를 그들의 손에서 가져올 때다.

어렵고 낯선 일이다. 하지만 그들의 자본주의는 불안하고 고통스럽다. 그들, 그동안 수고하셨다.

워싱턴에서 온
콜럼버스*

10월 12일은 '콜럼버스의 날'이다. 1492년, 그가 오늘날 아메리카로 알려진 대륙에 발을 내디딘 날이다. 위대한 미국이 그의 발끝에서 시작된 날이니, 국경일로 삼아 대대손손 기념할 날이겠다. 그러나 이날은 산타가 온 날이 아니다. "긴장해 다들… 넌 이제 모두 조심해 보는 게 좋아."라는 서태지의 노랫말처럼, 콜럼버스의 총 끝에서 원주민의 학살이 시작된 날이기도 하다. 그나마 살아남은 자들은 노예가 되고, 동물원의 원숭이처럼 격리되기 시작한 날이다. 그러나 기억의 힘은 때론 총탄보다 강하다. 잊히지 않는 기억은 결국 망각된 역사를 살려냈고, 꼭 500년의 시간이 지나서야 콜럼버스와

---

*   이 글은 서태지의 「크리스말로윈」을 듣고 썼다.

원주민을 같이 기억하게 되었다. 더러는 콜럼버스 대신 원주민을 추억하기 시작했고, 어떤 주들은 아예 콜럼버스의 날을 국경일 목록에서 제외했다. 그래서 콜럼버스의 날은 미국을 기억의 두 쪽으로 나누는 날이다.

콜럼버스에 대한 기억이 엇갈리는 그날, 나는 미국의 핵심 권력이 정렬해 있는 워싱턴 D. C.의 펜실베이니아 길을 걸었다. 백악관으로 마치 빨려들어가는 듯한 그 길에는 정치 권력만 도열해 있는 것은 아니다. 거기에 도달하기 전에 경제 권력도 만난다. 국제통화기금IMF과 세계은행이 그 길목에 서 있다. 세계 대공황의 뼈아픈 교훈을 다시 반복하지 않겠다는 결연한 각오로 1944년에 만들어진 아픔과 희망의 기관들이다. 브레턴우즈 회의에서 같이 태어난 '쌍둥이'인지라, 펜실베이니아 길에 나란히 사이좋게 자리잡았다. IMF는 세계 통화의 안정을 맡고, 세계은행은 개발과 빈곤 퇴치를 맡았다. 연례 총회도 같이 개최하면서 형제의 우애를 확인한다.

그래도 맏형은 IMF인지라, 세계은행보다 한 발짝 앞서 자리잡고 있다. 창백하리만큼 무표정한 IMF의 얼굴을 기억하는 나라가 많다. 크고 작은 금융 위기가 올 때마다, 제 나라에서는 권세 좋은 이들이 찾아와 머리를 조아리며 도움을 청했다. 답례를 게을리하지 않는 IMF는 전문가들을 돈다발 들려서 보냈다. 그들의 도착 일성은 '널 위한 기적이 어여 오길 이 마을에'였고, 워싱턴에서 준비해온 '기적을 만드는 정책 메뉴'를 전해주었다. 그 메뉴에는 특이하게도 한가지 음식만 있었고, 그것은 또 한결같이 다이어트 음식이었다. 흥청망청 살아왔으니, 이제 뱃살을 빼고 허리띠를 졸라매야 했다. 배불렀던 이들에게는 당연한 처방이었겠으나, 경제 위기로 이미 먹고살기가 막막한 서민들에게도 예외 없이 다이어트 처방이 떨어졌다. 원인을 제공한 이들의 뱃살은 더 늘어갔다는 얘기도 더러 들렸다. 워싱턴에서 찾아온 콜럼버스였다.

세계은행은 때론 맏형에게 질투를 보였지만, 바깥일에는 보조를 잘 맞추는 동생이었다. 형이 찾아 나선 나라에는 길을 같이하면서, 형의 다이어트 처방으로 경제가 버틸 수 있도록 외과적 처방을 내었다. 흔히들 '구조개혁Structural Reforms'이라는 이름으로 알려져 있는데, 한마디로 경제 위기 또는 저성장이라는 경제 질병을 앓고 있는 환자가 제 발로 설 수 있도록 몸을 만들어주는 일이었다. 헬스장 트레이너 역할을 했다. 허약한 이가 몸을 만드는 일이야 당연지사이겠지만, 훈련 내용이 특정 부위만 겨냥했다. 민영화, 무역 자유화, 노동시장 규제 완화, 자본 이동의 자유 등을 집중적으로 주문했다. 몸이 멀쩡할 때도 쉽지 않은 일이라서 선진국들도 골머리를 앓고서 겨우 부분적으로 시행했던 것들인데, 몸이 부실하다 못해 쓰러질 지경인 경제 체질로는 감당하기 어려운 가혹한 훈련이었다. 가벼운 감기 몸살을 앓던 경제도 이들이 몰고 온 찬바람에 고질병을 앓는 일이 생겨났다. 콜럼버스는 혼자 오질 않았다.

펜실베이니아 길을 계속 걷다보면 백악관이 나온다. 바로 그 옆에는 재무부가 자리하고 있다. 세계은행 현관에서 내처 달리면 5분 만에 도착할 거리다. 하지만 가까운 것은 물리적 거리만은 아니다. IMF-세계

우리는 조금 불편해져야 한다

은행 쌍둥이 형제는 백악관을 등에 업은 재무부의 돌봄을 지속적으로 받았다. 뜻도 맞았다. 세 기관이 뜻을 모으면, '삼위일체'의 소문은 펜실베이니아 길 너머로 개발도상국에 순식간에 퍼져 갔다. 그 소문 뒤로는 '삼위일체'의 정책들이 따랐다. '밤새 고민한 새롭게 만든 정책 어때, 겁도 주고 선물도 줄게, 온정을 위한 세상에'라는 노랫말이 들렸다. 뒷골목에서는 모두들 소리를 낮추었고, 그게 바로 '워싱턴 컨센서스'라고 했다. 세상의 경제는 워싱턴에서 설계되고, 바다 건너 먼 곳에서 집행됐다.

이른바 신자유주의가 부활했던 1980년대 이후, 워싱턴 컨센서스는 무소불위의 힘이었다. 저항도 뒤따랐다. 세계화와 워싱턴의 삼위일체를 반대하는 운동이 활력을 얻으면서, 그들의 정책 때문에 고통 받는 개발도상국 시민들의 목소리를 전달하려 했다. 전 세계의 중앙은행장과 경제장관이 IMF와 세계은행의 연례 총회에 참석하고자 펜실베이니아 길로 모여들면, 성난 시위대도 그들을 맞으러 모여들었다. 중무장한 경찰도 같이 집결했다. 총회 회의장에는 시위대의 목소리가 좀체 들리지 않았다. "울지 마 아이야, 애초부터 네 몫은 없었어… 아직 산타를 믿니."

2014년 펜실베이니아 길은 우울하다. 2007년 경제 위기로 인해 '워싱턴 삼위일체'도 위기다. 세계 경제를 감시한다는 IMF는 경제 위기를 예측하지 못해 체면을 구겼다. 세계은행도 같은 처지다. 최근 부쩍 목소리를 높이는 신흥 개발도상국들의 도전이 거세다. 워싱턴의 충고를 따르지 않았기 때문에 자신들의 경제가 그나마 성장했다면서 때로는 난리법석까지 부린다. 미국 재무부의 처지도 어렵다. 현재 경제 위기는 미국에서 시작했으니, 세계 경제의 지도자라는 지위가 옹색해졌다. 게다가 중국이 급속도로 부상하면서 '유일한 지도자' 지위까지 도전 받고 있다. 그동안 재무부의 돌봄 안에서 평안했던 IMF와 세계은행 쌍둥이 형제도 예전 같지 않다. 워싱턴 바깥쪽 눈치 보는 일이 늘었다. 더 이상 시위대도 보이지 않고, 경찰은 잡담으로 한가하다.

변화도 있었다. IMF는 경제 위기 이후 자본 이동이 능사가 아님을 인정하고 자본 규제가 필요하다고 선언했다. 금융시장 규제의 중요성도 설파했고, 소득 불평등이 경제성장의 발목을 잡는다고 했다. 급기야 미국과 일본에는 최저임금 정책 등을 통해 임금을 획기적으로 올려야 한다고 권고했다. 상전벽해가 따로 없다. 예전에는 경제가 성장하려면 불평등이 필요하다고 했고, 최저임금은 반시장적이라고 했다. 세계은행에서도 하위 소득층 40%의 소득 향상과 빈곤 퇴치에 초점을 맞춰 대규모 구조개혁이 진행 중이다.

하지만 변하지 않는 것, 어쩌면 변할 수 없는 것도 적지 않다. 워싱턴에는 따가운 시선으로 인한 변화의 바람이 불지만, 실제 IMF와 세계은행이 자신들의 영향력을 드러내는 지역사무소에서는 미풍조차 느껴지지 않는다. 특히 그리스의 경제 위기에 대응하기 위해 급히 결성된 IMF-세계은행-유럽중앙은행ECB '삼총사'는 예전의 콜럼버스 같은 면모를 유감없이 보여주었다. 과거 미국 재무부가 자처했던 군기반장 역할을 이번에는 독일이 자처했다는 차이만 있을 뿐이었다.

경제 예측의 미수도 변하지 않았다. IMF는 2013년 10월 세계 경제의 본격적인 회복을 예측하고, 적극적인 재정 및 통화 정책을 기반으로 한 케인즈주의적 수요관리 정책에서 벗어나 구조개혁 정책으로 전환하도록 촉구했다. OECD도 이에 가세했고, 세계은행도 보조를 맞추었다. 그 결과 올해(2014년) 초부터 시장 규제 완화, 재정지출 축소, 조세 삭감 등을 핵심으로 하는 구조개혁 정책의 열풍이 거세었다. 급기야 보수당이 정권을 잡은 오스트레일리아가 의장국으로 있는 주요 20개국G20에서는 구조개혁이 주요 기치로 떠올랐다.

이후 세계 경제는 악화 일로다. IMF는 올해에만 경제성장률 예측치를 두 차례 하향 조정했다. 유럽에서는 성장이 아니라 장기 정체Secular Stagnation의 위험이 높아졌고, 선진국의 오랜 경기 침체의 영향이 이제 개발도상국으로 확산돼 이들 국가의 성장도 하향 추세를 보이고 있다. 하지만 IMF는 올해엔 여러 가지 예측하지 못한 요인들로 어려울 뿐 내년부터는 좋아질 거라고 보고 있다. IMF는 경제 위기 이후 줄곧 '내년에는 좋아질 거야.' 하고 속삭여 왔다. IMF 경기 예측 모델은 계속 실패하고 있음에도, 그 모델이 실패했다고 판단하지 않는 모양이다. 지금 이 순간에도 세계의 지도자들은 '늘 틀리는' 모델에서 나온 결과에 기초해 경제정책을 논의하고 그들의 국민에게 설명하고 있다. 공동의 문제에 대한 방향도 집단적으로 제시하고 있다. 경제'과학'의 외관을 하고 있으나, 그 이면에는 '믿음'과 '편견'이 번뜩인다. 이런 것을 보는 날이 경제정책의 '할로윈 축제'다.

1세기여 만에 펜실베이니아 길이 끝에 도달했다. 콜럼버스의 날에 대한 성찰이 가을이 완연할 이 길에도 올까. 오늘날 경제는 국제적 조율을 필요로 한다. 그래서 워싱턴 쌍둥이 형제의 개혁을 바라는 사람이 많다. 내부에서도 개혁의 목소리가 제법 높다. 하지만 이것이 콜럼버스의 날이 겪은 존재 부정으로까지 연결될지는 모를 일이다. 그간 시도가 없었던 것도 아니고, 결과는 썩 좋지 않았기 때문이다. 물론 이번에는 다를 수 있다. 하지만 서태지가 노래하지 않았나? "나 역시 몸만 커진 채 산타가 되었어. 이것 봐, 이젠 내 뱃살도 기름지지. 이젠 내가 녀의 편이 되어줄게(꿈 깨)."

긴 산책을 마치고 돌아오니 그제서야 보였다. 내 기름진 뱃살도.

우리는 조금 불편해져야 한다

반신불수의
만물박사

밤새 바깥으로는 겨울비가 잔잔했고 꿈속에서는 칠면조가 어지럽게 뛰어다녔다. 밤늦게까지 천명관의 소설 『칠면조와 달리는 육체노동자』를 읽었던 탓이다. 소설 속의 주인공인 사내는 한때 트럭을 몰고 다니며 제법 먹고살았으나, 트럭 기사들이 벌인 도박판에서 돈도 잃고 트럭도 잃게 된다. 날로 쇠락해지는 삶은 이내 폭력이 오가는 부부싸움으로 이어졌고, 그 끝은 이혼이었다. 50대 후반을 바라보는 그는 이젠 냉동창고를 전전하며 날품팔이 '육체노동자'로 겨우 살아가지만, 육신은 지치고 일은 그만큼 더 버거워진다. 자식들은 또 그만큼 밀어진다.

어느 날, 냉동창고에서 겨우 하루를 버티어 낸 그를 안타깝게 보던 작업장 감독이 냉동창고에서 칠면조 한 마리를 몰래 끄집어내 사내에게 주었다. 꽁꽁 얼어 요상하기까지 한 칠면조를 들고 나선 그는 하루의 피로를 풀고자 술 한잔을 걸친 뒤 차가운 길거리에 나섰다. 거기서 그가 만난 이는 가요주점 사장. 당장 외상값을 내놓으라는 날선 호통에 그는 냉동 칠면조를 무기처럼 휘두른다. 사장은 피 흘리며 쓰러지고, 그 위를 사내는 칠면조로 연거푸 내려친다. 부랴부랴 도망쳐 나온 그가 발견한 것은, 기사가 당구 치러 나가면서 잠시 비워둔 트럭. 무작정 몰고 나와 달린다. 혹 아내가 있다는 남쪽으로 가면 그녀의 얼굴을 멀리서나마 잠시 볼 수 있을까 기대하며, 사내는 트럭에서 어긋나기 시작한 인생을 트럭으로 마무리하려 한다.

소설은 여기서 끝나지만, 그 뒤로 나는 사내의 마지막 길을 같이 달리던 칠면조를 보았다. 내 꿈속에서 사내는 가고 없고 칠면조만 달렸다. 생각해 보니, 어어부밴드의 노래 「아름다운 세상에 어느 가족 줄거리」가 들렸었다. 가수가 백현진이었던가. "글처럼 이 세상은 아름다운데 왜 많은 사람들은 이래야 하나" 하고 토하듯이 노래하던 이.

칠면조가 꿈과 같이 사라지고 나는 깨었다. 오늘은 토요일이 아니다. 서둘렀다. 노력한 만큼 돌려준다는 시장을 분석하는 일이 내 일이다. 남들은 경제 전문가라고 하는데, 경제의 오묘한 이치를 깨우치기는 힘든지라 부지런함으로 대신하려 한다. 이쪽 업계 밥을 먹은 지 20년이 다 되어가니, 동종 업계 종사자들이 '칠면조 사건'에 대해 뭐라 할지 짐작된다.

출근길에 자연스레 떠오르는 글이 있었다. 꽤 오래전에 본 글귀인

우리는 조금 불편해져야 한다

데, 시간 날 때마다 들여다보는 글이다. 한 연구원의 원장이 쓴 글이다. 그는 꽤 유명세를 누리는 경제학자다. "시장경제의 이치 중에 가장 중요한 이치는 어떠한 경우에도 시장에서는 1등과 꼴찌(파산하는 기업과 개인)가 있게 마련이며, 모두 다 승자가 될 수 없다는 것이다. 능력과 노력의 차이에 따라 차별이 생기며 서열이 생기는 것이 세상의 이치인 것이다. 바로 이러한 차별화에 따른 차등적 보상 원리가 모든 사람을 보다 더 열심히 살게 만들고 나아가 사회와 경제의 발전을 가져오는 힘이 되는 것이다. 결국 시장은 스스로 돕는 자를 돕지 게으른 자를 가난하다는 이유만으로 돕지는 않는다. 마라톤 경주도 항상 열심히 달려서 우승하는 자에게 영광을 주지 꼴찌에게 영광을 주지는 않는다. 옛말에 '하늘은 스스로 돕는 자를 돕는다'고 했다."

그의 말이 맞다면, 꼴찌에게 세상이 해줄 수 있는 것은 없다. 천명관 소설 속의 사내에게 세상은 냉동 칠면조라는 온정을 베풀었지만, 결국 그의 지난한 삶을 파멸시킨 마지막 무기였을 뿐이다. 그의 말이 맞다면, 밤새 나를 따라다녔던 칠면조는 없어지겠지.

사무실이다. 경제 기사부터 빨리 살핀다. 경제는 늘 분주하고 무수한 소식을 쏟아 낸다. 밤새 생긴 일 중 보고할 거리가 있는지를 본다. 바깥 안개만큼 어두운 기사뿐이다. 유럽 경제가 장기 침체에 들어설 가능성이 몇 배 높아졌다고 하고, 일본 경제는 좋을 줄 알았는데 알고 보니 아니라고 한다. 순식간의 변화다. 몇 주 사이에 변해버렸다. 그럴 수 있을까. 아마 변한 것은 경제가 아니라 경제 분석가나 정책 입안가의 생각이겠지. 밤새 그들의 머릿속에 칠면조가 무수히 다녀갔던 것일까.

세상의 '꼴찌'는 천명관 소설의 사내 같지만은 않다. 더러 힘을 모아서 항의도 해보고 시위도 한다. 벨기에에선 철도 파업 중이란다. 프랑스 남부의 어느 공장은 태업이다. 꼴찌들이 힘을 모으는 곳이 어디 여기뿐이겠는가. 차마 칠면조를 휘두르지 못한 경비원은 제 목숨을 버렸고, 그의 죽음을 슬퍼했던 동료들은 졸지에 직장을 잃었다. 우리가 단지 알지 못할 뿐이다. 아는 것만 기록해둔다.

문득 '경제학의 아버지'인 애덤 스미스를 떠올린다. 시장을 '보이지 않는 손'이라 비유해서 자유방임 경제의 주창자로 알려진 그는 사실 누구보다 '보이는 손'에 대해 잘 알았다. 꼴찌들이 뭉쳐서 무력시위하는 통에 시장 질서가 어지러워지고 경제가 파탄난다면서 난리법석이지만, 그는 '고용주들의 연합'도 만만치 않다고 했다. 다만 우리가 이에 대해 거의 듣지 못하기 때문이라 했다. "그 이유는 이 연합이 아무도 주의하지 않는 평소의, 그리고 자연스러운 상태이기 때문이다." 뭉치는 것은 마찬가지지만, 누가 하느냐에 따라 자연스럽기도, 부자연스럽기도 하다는 얘기겠다. 한쪽은 손을 탁자 밑으로 숨기고 내밀어 보이지 않는 것이고, 다른 한쪽은 손을 하늘로 뻗으니 모두의 눈에 보이는 것뿐이다. '보이지 않는 손'과 '보이는 손'의 차이는 그다지 크지 않다. 천명관 소설 속의 사내가 몸보신용으로 받은 칠면조가 살상용 무기로 바뀌는 데는 몇 시간도 채 걸리지 않았다.

전자우편이 왔다. 늘 친절한 미디어 담당 부서에서 주요 기사 묶음을 보냈다. 원유 가격 하락에 관한 기사가 맨 위에 있다. 원유 가격의 하락세는 지속될 것이라 하고, 향후 20% 정도 하락하면 이로 인해 세

우리는 조금 불편해져야 한다

계 경제가 1% 추가 성장할 것이라는 예측도 실렸다. 반가운 소식인데, 생각해 보니 요상하다. 원유 가격이 하락한 이유는 세계 경제의 침체가 지속되면서 원유 수요가 떨어졌기 때문인데, 그 결과 세계 경제가 성장할 것이라는 예측은 뜬금없다. 옆방 동료가 그런다. 석유수출국기구OPEC가 왜 있는가? 이럴 때 원유 공급을 줄여서 가격을 유지하라고 있는 거지. 조만간 '보이는 손'이 등장하겠다. 적어도 그들은 솔직하다. 그들의 밤에도 칠면조가 다녀갔을까.

터키 앙카라 사무소에서 연락이 왔다. 터키에선 올 5월에 광산 사고로 301명이 죽었다. 내년 G20 회의를 개최하는 의장국이 되었으니, 산업안전 문제를 본격적으로 다뤄보자고 한다. 경제 전문가가 넘쳐나는 곳이 G20 회의인 만큼, 관심을 끌기 위해서는 산업재해의 경제적 비용을 추산해 달라고 한다. 2013년에 얼렁뚱땅 내놓은 숫자가 있긴 하다. 국민총생산의 4% 정도가 된다. 얼마나 믿을 만하냐고 묻는다. 난처해진다. 차라리 당신의 믿음은 얼마나 믿을 만한지에 대한 당신의 답은 얼마나 믿을 만한가라고 물어보라 하고 싶었다. 하지만 내 입에서는 "꽤 믿을 만한 것으로 안다."라는 괴상한 문장이 나왔다.

경제학은 서머싯 몸의 얄미운 '만물박사Mr. Know-All'다. 학교를 1년 정도 더 다니면 얼마나 소득이 늘어나는지를 간단하게 계산해 내고, 잘생긴 사람이 누리는 혜택도 평생소득으로 환산해서 알려준다. 교육 프리미엄이라 하고, 미모 프리미엄이라고 한다. 아마 학원 프리미엄도 어디선가 계산하고 있을 터다. 심지어 정의하기조차 힘든 '신뢰'이 금전적 이익도 계산하고, 부부 간의 내밀한 관계도 예외 없이 비용과 편익을 분석해서 알려준다.

그런데 그 만물박사가 신문과 방송에 매일같이 보도되는 노동자들의 부상과 사고를 경제적으로 분석하는 일에는 소극적이다. 노동자가 사고를 당해서 노동 능력이 저하되거나 상실될 경우 그가 감당해야 할 손실이 얼마인지를 따지는 일은 드물다. 나서는 이가 적다. 정신적 스트레스의 증가로 사회적·경제적 비용이 늘어난다고 하지만, 정작 스트레스의 주범인 일터에서 생기는 일들을 좀체 살피려 하지 않는다. 일자리가 중요하다고 목청을 높이지만, 정작 실업의 개인적·사회적·경제적 비용을 꼼꼼히 계산하지 않는다. 오스카 와일드가 그랬던가. "회의론자란 모든 것의 가격을 알면서도 아무런 것의 가치를 알지 못하는 부류다." 경제학은 그런 의미에서 회의론자다.

만물박사 경제학의 야무진 칼날은 일터의 정문 근처에서 서성거리기만 한다. '보이지 않는 손'은 아마도 거기에 숨어 있을 터. 소설 속의 만물박사는 잘난 체하는 '밥맛'이지만, 곤경에 처한 사람을 구하기 위해 체면 구기는 일을 마다하지 않는다. 어려운 저쪽의 마음까지 헤아리며 지식을 구사해야 진정한 만물박사라는 얘기겠다.

점심을 먹으러 가는 복도에는 화창한 겨울 하늘이 들어와 있다. "하늘은 스스로 돕는 자를 돕는다." 사람들은 이 구절이 성경에서 왔다고 믿는다. 하지만 성경에는 그런 구절이 없다. 사내의 칠면조에 묻어 있을 서늘한 핏자국이 떠올랐다.

우리는 조금 불편해져야 한다

쿠즈네츠 '법칙'을
부정한 쿠즈네츠

오해는 정치인들에겐 숙명과 같다. 내뱉는 말은 불분명하기 마련인데, 정치인의 언어는 그나마 남아 있는 명확함도 깔끔하게 제거한다. 해석이 불가피하니, 그들의 입만 바라보는 사람들의 구설을 피하기 어렵다. 그런 오해의 구설이 때로는 치명타가 되기도 하지만, 경우에 따라서는 인지도를 높여 정치적 자산이 되기도 한다. '능력 있는' 정치인은 '오해를 잘 받는' 사람이겠다.

하지만 오해가 정치의 전유물만은 아니다. 압도할 만한 통계로 '사실'을 보여주고, 현란한 수학적 모델로 '과학'을 구사하며, 그래도 혹 있을지 모를 오해에 대비해 수백 개의 주석을 다는 경제학자들에게도 오해는 멀지 않은 이웃이다. 니체가 그랬던가. "텍스트(원문)는 해석

속에서 마침내 사라진다." 경제학적 텍스트도 예외는 아니다.

사이먼 쿠즈네츠라는 경제학자가 있다. 벨라루스 태생으로 1971년에 노벨경제학상을 받았다. 여느 저명한 경제학자처럼 유태인이었던 그는 국민소득계정을 개발한 사람이다. 우리가 매일같이 신문에서 보는 국민소득이니 국내총생산GDP 같은 개념이 그의 머릿속에서 나왔으니, 명실공히 20세기 현대 경제학의 기초를 만든 당사자라 할 수 있다. 동시에 자신의 업적에 대한 해석과 오해 때문에 괴로워한 경제학자이기도 하다.

이런 세기적인 성취에 우연이 없을 수 없다. 1929년 미국에서 대공황이 시작되자, 미국 정부는 전례 없는 정책들을 부랴부랴 도입하려 했다. 그런데 사태 파악이 잘되지 않았다. 주식시장이 붕괴하고 수많은 노동자가 일자리를 잃고 길거리로 쏟아져 나온 것은 눈으로 확인되는 일이지만, 대공황으로 어느 정도 소득이 감소했는지 가늠조차 할 수 없었다. 대공황의 경제적 손실을 정확히 알 수 없으니, 정부가 어느 정도 돈을 써야 할지 판단하기 난망한 상태가 된 것이다. 그래서 미국 상무부가 당시 통계학자로 명성을 날리던 쿠즈네츠에게 체계적인 통계를 만들어 달라고 연구 용역을 맡겼다. 그는 국민소득계정을 제시했다. 이후 미국 정부는 쿠즈네츠 방식을 이용해 경제 회복 상태를 분석하고 정책 결정을 내렸다. 또한 미국이 이를 '모범 사례'로 널리 장려하면서 전 세계적 표준이 된다. 급기야 GDP 증가율은 경제성장의 유일한 과제로 승격됐고, 경제정책의 수단이던 GDP는 경제정책의 목표로 '신분 전환'을 이루게 되었다.

우리는 조금 불편해져야 한다

쿠즈네츠의 국민계정에서 소득이란 화폐소득만을 의미한다. 홀로 열심히 농사를 지어 풍년을 이루었다고 치자. 가족들이 지난해보다 더 여유 있게 나누어 먹게 됐다면 참으로 행복한 일이긴 하지만, 사고 파는 화폐 관계가 없는 까닭에 국민소득을 늘리는 일에는 전혀 기여하지 못한다. 전업주부가 가사노동을 한 덕분에 모든 가족의 삶이 윤택해졌더라도, 냉정한 국민소득 기준으로 보자면 기여분은 없다. 하지만 주부가 자녀 학원비 30만 원을 대기 위해 식당에서 일하며 100만 원을 벌고, 대신 가사 도우미를 70만 원에 쓰면, 국민소득은 170만 원 늘어나게 된다. 엄마의 관심이 덜해져 아이가 아프면서 병원 찾는 일이 잦아지면, 병원의 화폐 수입이 늘어 그만큼 국민소득은 증가한다. 아이는 아프고 집안 살림은 뭔가 더 힘들어진 듯하지만, 경제는 '성장'한 것이다. 따라서 경제정책 목표가 시장 거래를 포함한 모든 경제 행위를 통해 국민의 후생을 증가시키는 것이라고 한다면, 그리고 경제학이 이를 위한 방편을 연구하는 학문이라고 한다면, GDP는 그다지 만족스럽지 못한, 부분적인 개념이다. 이런 협소한 개념에만 기초한 경제정책은 염려스럽고 위험하기까지 하다. 사실 비아냥도 적지 않았다. 존 F. 케네디 대통령의 동생인 로버트 케네디가 특히 비판적이었는데, 1960년대 말에 그가 남긴 쓴소리는 지금도 널리 회자된다. "쿠즈네츠의 국민소득계정은 모든 것을 다 측정한다. 삶을 가치 있게 만드는 것은 빼고 말이야."

하지만 쿠즈네츠는 억울하다. 상무부 연구 용역 결과를 제출할 때 그는 이런 오해가 생길 것을 이미 알았다. 그래서 미국 의회에 국민소득계정을 소개하면서 "국민소득 추계로부터 한 나라의 후생을 알아내기는 매우 어렵다."고 누차 강조했다. 국민소득계정이란 시장 거래 또는 화폐 거래에만 국한된 것이기 때문에, 국민소득을 경제와 등치시키지 말라는 얘기다. 그만큼 정책도 조심스러워야 한다. 경제성장에는 양적 측면과 질적인 측면이 있기 때문에, 경제성장의 목표를 수립할 때 어떤 성장인지, 그리고 무엇을 위한 성장인지를 명확히 해야 한다고 쿠즈네츠는 40년 이상 줄기차게 얘기했다. 하지만 그의 경고는 늘 '답 없는 메아리'였다. 국민소득계정에 대한 원문 텍스트는 해석을 이기지 못했다.

쿠즈네츠에 대한 오해는 여기서 끝나지 않는다. 불과 10년 전만 하더라도 경제학자나 경제정책 입안자들은 일반적으로 소득 불평등을 심각한 경제 문제로 생각하지 않았다. 분배 문제에 개입하면 경제적 효율성이 떨어지기 때문에, 정부가 괜스레 '연민에 젖어' 개입해봐야, 개입하지 않은 것만 못한 결과가 생긴다고 믿었다. 이런 경제학적 믿음이 생겨난 연유는 길고도 복잡하다. 그중 두 가지를 꼽는다면, 첫째는 시장의 효율성에 대한 믿음이다. 시장이 유일한 최선이라고 믿는 데서 출발한다면, 그 결과로서의 소득분배도 최선이다. 더러 불공평해 보이더라도 어쩔 수 없다. 시장의 법칙이기 때문이다. 둘째는, 경제성장 초기에는 불평등 증가가 불가피하지만, 국민소득이 어느 수준에 도달하면 불평등이 자연스레 감소할 것이라는 믿음이다. 이런 믿음의 근거는 쿠즈네츠의 실증 연구에 대한 '해석'이다. '쿠즈네츠 가설'이라고도 하고, 더러는 아예 '쿠즈네츠 법칙'이라고 한다. 그가 한 일은 국민

우리는 조금 불편해져야 한다

소득계정처럼 소박한 산술 작업이었다. 쿠즈네츠는 타고난 통계적 성실성을 다시 한번 십분 발휘해 미국과 독일을 포함한 여러 국가의 국민소득 분배 경향을 분석하면서 한가지 흥미로운 경험적 규칙성을 발견했다. 일반적으로 산업화 단계에는 소득 불평등이 증가하다가 경제가 성장하고 완숙한 경지에 접어들면서 소득 불평등도는 떨어진다는 것이었다.

그의 실증 연구는 다시 한번 본인이 생각했던 것 이상의 반향을 불러일으켰다. 경험적 규칙성은 곧바로 '해석'되었다. 경제성장과 함께 결국 소득 불평등이 '자연적으로' 줄어들 수밖에 없기 때문에 소득분배 문제를 걱정할 이유는 없다는 것. 게다가 불평등 증가의 '필요성'에 대한 논리도 덧붙여졌다. 경제성장 초기에는 성장을 위한 투자 자원이 필요한데, 이러한 자원을 확보하기 위해서는 저축이 있어야 한다. 만일 소득이 골고루 분배되고 모두 소비된다면, 저축 자원이 부족할 것이다. 따라서 고소득층과 기업에 논이 더 몰리게 된다면, 그 논은 더러 소비에 사용되기도 하겠지만 저축으로 연결될 가능성이 높다. 결국 소득이 좀 더 효율적으로 저축과 투자로 연결되려면 소득 불평등도가 높을 필요가 있다는 얘기다.

여기에 '불평등이 경쟁을 촉진한다.'는 논리까지 보태졌다. 소득 불평등도가 높으면 경쟁의 승자가 누리는 상대적 몫이 늘어나고, 결국은 경쟁이 촉진된다. 예컨대 한 노동자는 8시간 일하고 다른 노동자는 10시간씩 일하는데도 모두 비슷한 수득을 올린다면, 굳이 10시간씩 일할 이유가 없다. 모두 8시간씩만 일하게 되고, 그만큼 생산도 줄어들 것이라는 우려다. 공산주의가 왜 망했는지를 기억하라는 살벌한 경고도 빠지지 않는다. 불평등은 경쟁과 생산을 촉진하는 자극제다!

이렇게 불평등의 필요성에 대해서는 열정적인 설명을 아끼지 않으면서도, 정작 불평등이 어떻게 줄어드는지에 대한 설명에는 인색하다. 그건 쿠즈네츠에게 물어보라는 식이다. 쿠즈네츠의 실증 연구가 '법칙'으로 승격되는 방식이다. 일단 법칙이 되면 강력한 무기가 된다. 수많은 경제학자와 정책입안자들은 자국 정책뿐만 아니라 개발도상국에도 '성장에 집중하라. 불평등을 줄이려고 하는 것은 정치적 쇼 내지는 대중추수주의populism에 불과하다.'며 법칙의 이름으로 훈수를 둬왔다. 법칙 앞에서 개발도상국들은 겁먹은 아이처럼 오랫동안 소득분배 문제에 침묵했다.

하지만 마르크스가 마르크스주의를 부정했던 것처럼, 쿠즈네츠는 쿠즈네츠의 법칙을 부정한다. 실제 텍스트인 그의 1955년 논문은 경제성장과 함께 불평등도가 줄어들 거라는 환상을 갖지 말라고 경고했다. 불평등을 줄이는 힘은 시장 내에서 나오는 것이 아니기 때문이다. 쿠즈네츠는 불평등을 기본적으로 정치·사회적 힘에 의해 해결되는 문제로 보았다. 그가 특히 중시한 요인은 중·저소득층의 정치적 지위다. 경제성장과 더불어 불평등이 확대되면, 중·저소득층들이 자신의 상대적 소득 지위에 대해 문제의식을 갖기 시작하고 이를 해결하기 위해 정치·사회적으로 조직하려는 경향이 강해진다. 사는 게 힘들어지거나 상대적 박탈감이 커지면서 이들의 목소리는 높아진다. 노동조합이나 시민사회 단체가 팔 걷고 나선다. 개인적 반발도 심해지면서 사

우리는 조금 불편해져야 한다

회 전체적인 불안 정도가 높아진다. 이런 변화에 민감해질 수밖에 없는 정치인들은 누진세 도입 또는 강화, 소득 이전 등을 통한 소득재분배 정책을 도입하기 위한 각종 입법 조치를 취하게 된다. 시민의 저항과 조직, 정치의 변화, 그리고 정책의 변화라는 삼박자 변화 때문에 소득 불평등도가 줄어들기 시작한다.

결국 쿠즈네츠에게 가장 결정적인 변수는, 중·저소득층이 정치적으로 자신의 목소리를 낼 수 있느냐, 또한 자신의 목소리를 어떤 식으로 조직하느냐 하는 점이다. 불평등 감소는 자연적 법칙이 아니라 조건부다. 특히 중·저소득층의 정치적 참여가 제약되어 있는 후발 개발도상국에서는 유럽과는 다른 패턴이 전개될 수 있을 것으로 그는 예상했다. 정치·사회적 참여 없이는 불평등 해소도 없다는 얘기겠다. 그래서 정작 '쿠즈네츠 법칙'이 나와 있다는 논문은, 협애한 경제적 접근에서 벗어난 사회·경제학적 접근으로 옮겨갈 것을 강하게 주장한다. 맨 마지막 분단에 나오는 이런 주상은 지금 읽으면 마치 절규처럼 들린다.

오늘날 '쿠즈네츠 법칙'은 오류로 판명났다. 선진국들의 경우 1970년대 전후까지 하락 추세 내지 안정 추세를 보이던 소득 불평등 정도가 1980년대를 기점으로 상승해왔다. 쿠즈네츠 법칙은 틀렸으되 쿠즈네츠는 옳았다. 최근 불평등의 증가는 결국 사회·정치적 변화에 동반한 정책 변화에 기인한 바가 크다. 소득분배 개선을 요구하는 사회 세력의 힘도 약해졌고, 중·저소득층의 정치적 발언권도 위축되었다. 물론 쿠즈네츠가 말하지 않은 것이 있다. 그는 저소득층의 사회·정치적 힘에는 주목했지만, 불평등도 증가와 함께 소득 최상층부의 소득 몫이 커지면서 정치 권력도 같이 커진다는 점은 말하지 않았다. 많이 가진 소수가 정치를 장악하게 되면, 정치인들이 저소득층의 목소리에 민감하지 않게 된다. 쿠즈네츠가 적시한 중·저소득층을 중심으로 한 정치적 전환은, 바로 이러한 불평등의 동학 때문에 오히려 봉쇄될 수 있다. 현재 경제 위기의 원인이 상당 부분 불평등 증가 때문인데도, 정책 변화는 더디고 불평등은 여전히 증가하는 이유이기도 하다. 그의 사회·경제학적 전통을 이어받은 조지프 스티글리츠와 토마 피케티 같은 경제학자들이 주장하는 내용이기도 하다.

　역설적으로 두 경제학자는 쿠즈네츠에 비판적이다. 그들이 본 것도 '해석된' 쿠즈네츠이기 때문이다. 어쩌면 경제학에서 가장 조심해야 할 것은 '텍스트는 사라지고 해석만 남아 있는' 경제학 교과서일지 모른다. 그곳에서 텍스트로 난 길은 좁고 외롭다.

"명백한 것만큼 기만적인 것은 없다": 불평등 논쟁을 불 지피는 피케티

　　　　　　　　대논쟁이 시작됐다. 한 젊은 프랑스 경제학자의 반란 때문이다. 그의 이름은 토마 피케티. 조지프 슘페터가 일찍이 말한 바, "명백한 것만큼 기만적인 것은 없다". 피케티의 반란은 명백하다고 생각했던 것과의 불화에서 시작됐다. 예컨대, 오늘날 아무리 불평등하다 하더라도 귀족이 넘쳐나던 19세기에 비하면 훨씬 평등하다는 '명백한' 믿음에 대해 피케티는 물음표를 단다. 그리고 방대한 역사적 통계 작업을 통해 그는 우리가 사실 19세기만큼 불평등한, '기만적인' 21세기에 살고 있음을 폭로한다.

　　그의 책 제목은 『21세기 자본Capital in the Twenty-First Century』이다. 19세기 후반에 출간된 칼 마르크스의 『자본론』을 연상케 하는 제목을 뽑았다. 피케티의 책은 프랑스어로 먼저 출간됐고, 『자본론』의 원작은 독일어다. 둘 다 출간되자마자 영어로 번역됐다. 마르크스의 『자본론』이 "모든 부의 기초는 상품"이라는 언명에서 시작해 결국 소수의 손에 모든 부가 집중되는 파국론으로 끝났다고 하면(적어도 피케티는 『자본론』을 그렇게 읽는다.), 피케티는 바로 그곳에서 시작한다. "과연 마르크스가 19세기에 믿었던 것처럼 자본 축적의 동학은 몇몇 소수에게로의 부의 집중, 이것으로 필연적으로 귀결하는 건가?" 그의 책 세 번째 문장에 나오는 질문이다. 한글본으로 무려 820쪽에 달하는 책을 읽어 내는 인내가 필요하지만, 그가 들려주는 답은 의외로 단순하다.

우선, 자본주의는 기본적으로 부의 집중을 심화하는 경향이 있다. 소득분배의 핵심 중 하나는 자본과 노동 간의 분배다. 자본이 가져가는 몫을 편의상 자본몫이라 하자. 자본몫은 크게 두 요인에 의해 결정된다. 첫째는 자본의 전체 크기이고, 둘째는 단위당 자본에 돌아가는 수익률이다. 이론이라고 할 것도 없는, 지극히 당연한 얘기다. 이 대목에서 피케티의 역사적 통계가 힘을 발휘한다. 그의 연구에 따르면, 적어도 19세기 이래 자본수익률은 4~5% 수준으로 안정적이었다. 따라서 불평등 확대에 관한 한, 자본수익률은 '무죄'다. 그렇다면 문제는 자본의 크기다. 그가 주목하는 지표는 국민소득 대비 자본의 크기인데, 역시 편의상 자본비율이라고 하자. 유럽의 경우 자본비율이 19세기와 20세기 초반에 600%를 넘었다가 대공황과 제2차 세계대전을 거치며 200%대로 급감했다. 하지만 이후 다시 증가세로 돌아섰다가 1980년대부터 비약적으로 급증했다. 그 결과 자본비율은 현재 500%

우리는 조금 불편해져야 한다

를 넘어서서 600% 고지를 향해 달려가고 있다. 자본비율이 이렇게 늘어나니 자본이 가져가는 소득몫도 자연히 증가하고 있다. 21세기가 19세기를 만나러 가는 형국이다.

하지만 피케티는 마르크스식 파국론은 거부한다. 그 이유 또한 간단하다. 인간들이 제도와 정책을 통해 불평등을 바로잡을 수 있다고 믿기 때문이다. 이런 믿음의 배후에는 제2차 세계대전 전후의 불평등 감소가 사회적 공감대를 기초로 한 사회·정치적 노력에 기인했다는 역사적 판단도 크게 작용했다. 이렇게 함으로써 피케티는 분배 불평등에 대한 정책 무용론을 설파하는 주류 경제학적 논의와도 간단히 결별한다. 동시에 그는 자본주의적 시장경제의 불평등 심화 경향이라는 비관에, 저항하고 행동하는 인간 의지라는 낙관을 버무렸다. 우리가 익히 아는 경제학자의 솜씨는 아니다.

그럼, 인간의 낙관적 의지로 무엇을 해야 하나? 여기서 그의 제안은 너무 논리적이어서 오히려 비현실적인 느낌을 준다. 소득 불평등의 근원이 자본비율 증가에 있으니 근원적 해법은 이를 막는 것이다. 따라서 자본 또는 자산의 무차별적 증식을 막으려면 여기에 과세를 하면 된다. 이른바 자산세Wealth Tax다. 그런데 자본 이동이 자유롭고 각국이 세금 삭감으로 자본을 유인하려고 경쟁하는 마당에 일국적인 해법은 그리 효과적이지 않다. 전세계적으로 적용되는 자산세, '국제 자산세Global Wealth Tax'가 곧 그의 해법이다. 마르크스식으로 표현하면 일종이 '세계 동시 혁명론'이다.

피케티의 책은 이렇듯 아슬아슬한 줄타기를 한다. 그의 책을 온몸으로 반기는 이들은 이미 불평등 문제로 힘겨운 사투를 벌이고 있는 용장들이다. 노벨경제학상 수상자들이 나섰다. 피케티 책에 딱 한 번 언급된 폴 크루그먼은 경제학이 앞으로 피케티 이전과 이후로 구분될 것이라고 극찬했고, 피케티가 그다지 높이 평가하지 않았던 로버트 소로도 거들고 나섰다. 또다른 노벨경제학상 수상자인 조지프 스티글리츠는 그의 책 각주에서나 언급되는 수모를 당했지만 칭찬을 아끼지 않았다. 이들의 극찬은 판매 돌풍을 일으켰다. 물론 이들은 대부분 비판적 지지론자다. 자산세가 정책 해법인지에 대한 의문도 있고, 이를 수용하는 쪽에서도 세계혁명론에는 회의적인 편이다. 그의 분석에는 찬성하지만 그의 정책 대안에는 동의하지 않는 것이다.

평소 피케티식 주장에 우호적이지 않은 이들은 『21세기 자본』이 예상 외의 돌풍을 일으키자 조금 당황했다. 삼류 소설 작가의 눈물 짜내는 소설 정도로 치부하는 비아냥거림이 나왔다. 영국 경제지 파이낸셜 타임스Financial Times는 피케티의 인기를 거품에 비유하면서, 피케티를 알고 논해야 한다는 강박 관념으로부터 이른바 '피케티 거품'이 형성되는 9단계를 제시했다. 이 책을 쓴 자가 결국은 "알아먹지 못할 유럽 사투리"(프랑스어를 지칭)를 구사하는 프랑스 경제학자이니, 그의 요사한 언술에서 생긴 말은 모두 거품일 뿐이라는 야유다. 같은 신문의 칼럼니스트 마틴 울프가 장문의 서평을 통해 담담하게 피케티의 성취에 대해 격찬한 것과도 묘한 대조를 이뤘다.

파이낸셜 타임스의 다소 유치한 비판 방식은 성공적이지 못했으나, 곧이어 통계상의 문제점을 지적하는 것으로 비판 공세를 이어갔다. 지

우리는 조금 불편해져야 한다

난 5월 23일자 논평에서 경제부문 편집장은 피케티의 통계에 결정적 하자가 있고 이는 단순한 실수가 아니라 조작에 가까운 것이라고 비판했다. 지난해 경제학자 카르멘 라인하르트와 케네스 로고프가 엑셀 파일을 잘못 다루는 바람에 공공 부채가 국민소득의 90%를 넘으면 경제성장에 악영향을 준다는 주장의 신빙성을 의심받았던 사건을 상기시키기도 했다. 피케티도 그 운명을 곧 맞이할 것이라는 예상도 덧붙였다. 사실, 피케티의 장기 통계는 여러 가지 역사적 자료를 다듬어 나온 것이기 때문에, 허점이 없을 수 없고 추계 방식에 대한 논쟁을 피할 수 없다. 피케티도 이런 사정을 잘 아는지라 모든 통계 자료를 공개해둔 터였다. 그런 면에서 파이낸셜 타임스가 통계의 신뢰성을 거론한 것은 논쟁의 고리를 제대로 잡은 것이다. 하지만 몇 가지 오류를 발견한 것으로 피케티의 분석을 통째로 비판하려 한 점은 패착이다. 영국 주간지 이코노미스트The Economist를 비롯해 언론과 학계는 대체적으로 파이낸셜 타임스의 비판이 지나치다는 견해다. 5월28일 피케티는 10쪽에 달하는 장문의 답을 공식적으로 발표했다. 논란은 그렇게 수그러들었지만, 파이낸셜 타임스의 역사상 드문 '대형 참사'로 오래 기억될 전망이다.

이론적인 문제도 있다. 피케티는 자본비율 증가의 이유를 자본수익률(r)이 경제성장률(g)을 상회하는 장기 역사적 경향에서 찾았다. 이것이 언론에도 등장해 일반 독자를 괴롭히는 '$r > g$'라는 공식인데, 그는 여기에 '자본주의 제2법칙'이라는 거창한 이름을 붙였다. 그의 책에서 정리된 통계에서는 분명해 보이긴 하지만, 이론적으로 두고두고 논란이 될 조짐이 보인다. 그가 비판한 수많은 거시경제학자들이 여기서 피케티의 아킬레스건을 발견할 공산이 크다.

　좌파 진영 쪽도 피케티의 책에 무조건 우호적이진 않다. 일부는 그의 책이 소득분배에 대한 논쟁을 열어젖혔다는 사실 자체를 긍정적으로 보긴 하지만 대체적으로 거친 비판을 쏟아 내고 있다. 피케티는 자본을 현물 자산 덩어리로만 보기 때문에 자본에 내재한 사회·정치적 관계를 무시한다는 유의 근본적인 비판이 적지 않다. 피케티의 정책 대안인 국제자산세는 유토피아적이다 못해 순진하기까지 하다는 논평도 나온다. 심지어 제목은 마치 『자본론』을 연상시키면서도 정작 이 책이 이룬 성과는 없다는 혹평도 있다. 그를 꿈만 야무지고 패기만 넘치는 철부지로 보는 경향마저 있다.

　이런 다양하고 날선 비판은 역설적으로 피케티의 문제작이 이룬 대업적이다. 이젠 소득분배와 자산 불평등을 논하지 않고서는, 따라서 피케티를 거론하지 않고서는, 경제정책을 논하기란 어렵게 되었다. 분배 문제가 당장 경제학과 경제정책의 중심에 서지는 못하겠지만, 적어도 변방의 서러움에서는 벗어나게 되었다. 게다가 그의 책을 두고 논쟁이 깊어지고 치열해질수록, 그의 책이 낱낱이 분해되고 조립될수록, 피케티 책의 지위는 더욱 견고해질 것이다.

　그는 미국 학계의 주목을 받고 미국으로 건너갔으나 그곳 경제학에 실망해 프랑스로 돌아왔다. 프랑스에서 홀로 주류 거시경제학의 해체 작업에 몰두했다. 이론적·수학적 정합성에서 탈출해 역사적 접근을 택했다. 역사가 거세된 경제학에 역사를 도입해 대반란을 꿈꿔 왔다.

슘페터는 "천재와 예언자들은 보통 체계화된 전문 학습과정에서 뛰어난 사람들이 아니며, 그의 독창성은 대개 그런 것들에서 뛰어나지 않았다는, 바로 그런 점에 기인한다."고 했다. 피케티에게 딱 들어맞는 말이다. 그는 동시에 프랑스의 아들이다. 케인즈의 대저작 『일반이론』이 프랑스어판으로 번역 출간됐을 때, 케인즈는 서문에 다소 변명조에 가까운 설명을 붙였다. 『일반이론』은 당시 영국과 미국에 지배적인 주류 견해에 대한 비판인데, 프랑스에는 사람들의 생각을 획일적으로 지배하는 '주류'라는 것이 없기 때문에 자신의 책의 맥락을 이해하기 힘들 거라고 했다. 더 나아가 케인즈는, 시장경제의 조화를 믿는 프랑스 경제학자 장 바티스트 세에서 벗어나 『법의 정신』을 쓴 샤를 몽테스키외로 돌아가자는 게 자신의 생각이라는 말까지 덧붙이는 바람에, 그 뜻을 도무지 헤아릴 수 없는 후대의 학자들을 내내 괴롭히는 우를 범하기도 했다. 주류가 없는 프랑스에서 피케티는 자유로웠다.

그의 책은 역설적이다. 소득 불평등에 관한 글인데, 왜 불평등이 문제인지를 차분하게 설명하지 않는다. 친절한 그가 이 점에서는 야박할 정도다. 19세기 말과 20세기 초의 끔찍한 상황을 상상해 보라는 식이다. 그렇기 때문에 불평등이 경제적 효율성을 떨어뜨린다는 포스트 케인지언적 시각은 완전히 누락돼 있다. 실상 피케티는 이 문제를 설명해야 할 필요를 느끼지 못하는 것 같다. 그의 책은 프랑스 인권선언 제1조를 인용하는 것으로 시작한다. "인간은 자유롭게 태어나 살며 동등한 권리를 누린다."로 잘 알려진 조항이다. 그런데 제1조에는 이 문장 뒤에 따라오는 문장이 하나 더 있다. "사회적 차별은 오직 공공의

선 l'utilite commune에 기초할 때만 있을 수 있다." 피케티는 바로 이 문장을 인용한다. 이게 그의 화두다. 그리고 오늘날 소득분배에서 발견되는 격차 내지 '사회적 차별'이 과연 공공선이라는 차원에서 용인될 만한 수준인지를 묻는다. 불평등이 사회가 용인할 수준을 넘어섰다면 사회는 응당 조치를 취해야 한다. 그렇게 하지 않는 사회는 위기라는 쓴 약을 마실 수밖에 없다. 프랑스의 인권선언은 프랑스 혁명의 산물이다.

피케티 자신도 국세자산세가 유도피아적이라는 짐은 공공연하게 인정한다. 개의치 않는 눈치고, 오히려 자랑스러워하는 듯하다. 주판알 굴리듯이 꼼꼼하게 챙긴 역사적 통계라는 든든한 보배가 있기 때문일 것이고, 아마 19세기 말의 유토피아적 사고가 20세기 들어 불평등을 줄인 대개혁의 산파 역할을 했다는 역사적 경험을 똑똑한 그가 알고 있기 때문이기도 할 것이다. 하지만 그가 알고 있는 역사가 보여주듯이, 이런 유의 책은 늘 손쉬운 적이고 동네북이다. 시끄러울 운명이다. 피케티 논쟁은 이제 시작됐다.

우리는 조금 불편해져야 한다

조안 로빈슨,
경제학과의 불화

'마초 경제학'이라는 야유가 있다. 경제학에 오랫동안 드리운 그림자다. 당사자는 늘 혐의를 완강하게 부인해 왔으나, 의심의 눈초리는 좀처럼 거둬지지 않는다. 남자들에게 억지스럽게 들릴 수 있겠으나, 이제껏 노벨경제학상을 받은 여성은 엘리너 오스트롬Elinor Ostrom, 단 한 명이다. 그녀도 엄밀히 따지면 정치학에서 시작했으니 순혈통 경제학자는 아니다. 또한 얼마 전 경제학계의 새로운 '록스타' 토마 피케티의 한국 강연에 각계 인사들이 총출동하는 진풍경이 연출됐을 때, 패널 토론으로 나선 경제학자는 모두 남성이었다. 이러한 '사소함'에는 이느 누구도 시비를 걸지 않았다. 그기 오기 진에 열린 궐기대회 같은 세미나에서 남성 경제학자들은 "1971년생 아들

뻘 학자가 내놓은 논리"라며 비분강개했다. 그런 남성들이 내뱉는 경제적 가르침도 근육질이다. 다 그렇다는 얘기는 물론 아니다. 경제학이 늘 주장하는 것처럼, 문제는 '확률적 확실성'이다.

애초에 잘못이 있었다. 넘치는 객기를 글로 쏟아 냈던 버나드 쇼는 "경제란 삶에서 최대한을 만들어 내는 기술"이라 정의했다. 한발 더 나아가 "경제를 사랑하는 것이야말로 모든 덕의 기초"라고 단언했다. 듣기에 따라서, 이 말인즉슨 경제가 물건을 만들고 돈을 주고받는 '쫀쫀하고' 협애한 영역을 넘어 삶의 모든 일상을 다스리는 일이라는 뜻이 되겠다. 이렇게 해석한 사람이 2014년 초에 타계한 게리 베커Gary Becker다. 1992년에 노벨경제학상을 받았다. 경제학적 비용편익분석을 '비경제적' 분야에 포괄적으로 적용한 공로를 인정받았다. 범죄·가족·결혼·인종차별 같은 일상의 문제가 숫자와 경제 합리성의 바깥에 있다는 통념을 깨고, 베커는 이를 경제학 안으로 끌어들였다. 이 세상에 경제학적이지 않은 게 없고, 경제학자들의 손을 피할 곳은 없어지게 되었다.

그리하여 결혼에도 경제학이 있다. 결혼이란 도저히 형언할 수 없는 신비의 약과 같은 사랑의 문제만은 아니다. 베커에 따르면, 우리의 사랑과 결혼은 우리가 인정하고 싶어 하는 이상으로 합리적이고 계산적이다. 여성이 전업주부가 되는 까닭은, 남성이 밖에 나가서 돈을 더 많이 벌어올 가능성과 능력이 상대적으로 높기 때문이다. 여성은 집안일에 더 능하고 관련 지식이 많기 때문에, 부부의 전체적인 경제적 효율성을 위해서는 전업주부가 되는 게 유리하다. 따라서 남녀 간 노동시장 참여도의 차이는 차별이 아니라 경제적 합리성의 소산이다. 결혼은 남녀 간의(물론 동성 간 결혼도 있다.) 육체적 결합을 통한 집단적 효용극대화 전략이다. 이런 '냉정한' 분석에 입각해서 베커는 '남성이 지배적인 업종에 여성이 나가서 어찌어찌 해보겠다는 것은 일종의 승산 없는 일탈deviant 행위'라는 말까지 덧붙였다. 이 말은 두고두고 분란거리가 된다. 그가 말하는 '일탈'이란 가치판단적인 게 아니라 통계적 의미로 사용됐다고 본인이 나서서 항변했고, 사실 그로서도 좀 억울한 일이긴 했다. 여하튼 그런 통계적 '일탈'은 경제학에도 적용된다. 멀리서 찾을 일이 아니다.

조안 로빈슨Joan Robinson이라는 경제학자가 있다. 영국 케임브리지 대학이 낳은 탁월한, 그리고 최초의 여성 경제학자였다. 그녀의 학문적 공적은 무궁무진했으나 그에 걸맞은 명성을 누리진 못했다. 20대 초반부터 모교에서 경제학을 가르쳤으나 정교수가 되는 데 무려 30년의 시간이 걸렸다. 외골수이자 돌직구를 서슴지 않는 성격 탓에 주위에서 어려워한 탓도 있다. 한때 영국 계량경제학회의 부회장이 돼달라는 '영광스러운 초대'를 받았으나, 자신이 이해할 수도 없는 학술지를 내는 학회의 임원이 될 순 없다고 거절한 인물이다. 한마디로 까칠했다.

그녀는 모든 것과 불화했다. 여성 경제학자라는 사실 자체가 남성 지배적인 경제학과의 불화를 의미한 데다, 그녀의 경제학적 지향에도 불화와 불온의 싹이 자라고 있었다. 그녀는 시장주의적 경제학과도, 그리고 교조적 마르크스 경제학과도 화해하지 않고 자신의 길을 갔다. "자본가들에게 착취당하는 비참함은 착취되지 않는 것(즉 실업)

의 비참함에 비할 데 없다."고 공박하는 바람에 스탈린주의자들에게 인신공격성 비난을 받았다. 동시에 "역사적 현실을 고려한다면, 자유 시장이 후생을 극대화하고 사회정의를 보장하는 이상적 메커니즘이라고 할 수는 없다."고 시장주의자를 쏘아붙였다. 그녀에게 경제학을 공부하는 이유란 "이미 만들어진 답을 얻으려는 것"이 아니라 "경제학자들에게 속지 않는 법을 배우는 것"이었다. 따라서 그녀의 불화는 전면적이고 다층적이었다. 기성 경제학계의 여성 차별과, 그들의 가르침과의 불화. 그만큼 그녀의 삶은 외롭고 거칠었다. 하지만 "생각은 곧 물질적 힘"이라 믿었던 그녀는 그러한 '물질적' 생각과 평생을 싸웠다.

'수요독점Monopsony'이라는 말이 있다. 로빈슨이 창안한 개념이다. 그녀는 시장에서 구매자와 판매자가 동등한 입장에 있다는 일반적 가정은 현실성이 없다고 생각했다. 물론 통신 독점기업 같은 공급독점은 익히 알려졌지만, 구매자가 독점적 지위에 있을 수도 있다. 로빈슨은 노동시장이 대표적인 예라고 생각했다. 노동자가 '노동'을 판매하는 시장은 일반 상품시장과는 다르고, 일자리가 없어서 '착취당하지 못할' 위험이 상존한 상황이라면 노동자의 처지는 상대적으로 어렵다. 이런 경우라면 기업이 임금 결정에서 우위를 차지하게 되고, 기업이 이를 십분 활용할 경우 노동자가 마땅히 받아야 할 한계노동생산성보다 낮은 수준에서 임금이 결정된다. 또한 생산성이 똑같은 노동자인데도 만만한 노동자들은 낮은 임금을 받기도 한다. 남녀 간의 임금 격차도 그렇게 해서 생기기 쉽다. 로빈슨은 '격차'라는 중립적인 용어로 에 둘러 가지 않고 이를 '차별'이라 했다. 남성 노동자는 모두 노조원이고 여성 노동자는 그렇지 못할 경우를 생각해 보면 된다. 로빈슨이 수식과 도표를 만들어 정성스럽게 설명한 '차별의 세상'이다. 게리 베커는 여기서 '합리성'을 발견했고, 그보다 약 40년 전에 로빈슨은 똑같은 곳에서 '차별'을 본 것이다.

이제 경제학은 남성의 전유물이 아니다. 미국경제학회에 따르면, 현재 경제학 박사학위 수여자 중 약 35%가 여성이다. 그 수가 늘어난 만큼 경제학에서 여성을 보는 눈도 바뀌었다. 승진도 되고 스타급 대우를 받는 여성 경제학자도 늘었다. 최상까지 오르는 길이 열려 있다. 그러나 그 길은 여전히 암초투성이다. 남성 프리미엄이 여전하고, 여성 경제학자들은 몇몇 분야에 몰려 있다. 그런 면에서 경제학은 여전히 '남성적'이다. 경제학의 진정한 균형성을 위해서는 경제학의 '여성성'이 필요하다. 남녀 간의 물리적 균형만을 말하는 게 아니다. 경제학적 견해의 균형을 위해서도 남녀 균형이 필요하다. 경제학에서 남녀 균형은 기실 사회학적 문제가 아니라 경제학 자체의 문제다.

'독재자 게임'이란 게 있다. 두 사람을 한 팀으로 만든 뒤 그중 한 명에게 돈을 준다. 돈을 받은 사람은 본인이 주고 싶은 액수만큼 상대방에게 준다. 안 줘도 그만이다. 돈을 가진 사람이 마음대로 결정해서 독재자 게임이라 부른다. 경제적 합리성의 잣대로 보면 '독재자'가 상대방에게 한 푼이라도 줄 이유가 없다. 그러나 현실의 '다정다감한' 인간은 그러질 못한다. 어쨌거나 조금 주려고 한다. 또한 이 게임은 해보면 남녀 격차가 무시 못할 만큼 크다. 최근 한 실험 결과에 따르면, 10

달러를 주면 여자는 1달러 61센트를 상대에게 주는데, 남자는 82센트만 준다. 두 배 정도 차이가 났다.

'최후통첩 게임'이라는 것도 있다. 독재자 게임과 유사하지만, 독재자가 돈을 주면 상대가 받을 수도 있고 거부할 수도 있다. 상대가 거부하면, 어느 누구도 돈을 받지 못한다. 물론 거부하기가 쉽진 않다. 수지타산을 따지자면, 거부할 경우 한 푼도 받지 못하니, 저쪽에서 조금이라도 주면 수용하는 게 이득이다. 그러나 정의감을 앞세우는 사람이라면 달라진다. 정의의 이름으로 부당한 제안을 거부할 것이다. 그 결과가 설령 가시밭길이라도 말이다. 따라서 경제학적 합리성에 따르자면 0에 가까운 푼돈을 제안할 것이고, 사회적 정의를 따르자면 반반씩 나누려 하겠다. 실제 실험을 해보면, 정의감이 꽤 중요하다. 여기서도 남녀 차이가 적지 않다. 10달러를 두고 한 실험 결과는 이랬다. 남자는 상대가 남자일 경우 약 4달러 7센트를 제안했는데, 여성에게는 4달러 4센트를 제안했다. 여성에게 차별했다는 얘기다. 여성의 경우는 좀 더 관대했다. 상대가 남성일 때는 반이 넘는 5.1달러를 제안했다. 하지만 상대가 여성인 경우는 4.3달러에 불과했다. 여성에 의한 여성 차별도 만만치 않다. 불편한 진실이지만 우리가 더러 겪는 일상이기도 하다.

이렇듯 남녀가 다르다면, 남녀의 경제학도 다르겠다. 하지만 정교하게 짜인 교과서를 통해 마치 '빵틀에서 빵을 찍어 내는 것'이 곧 경제학 교육 아닌가. 이 문제를 앤 메이Ann May가 이끈 연구그룹이 살펴보았다. 미국경제학회 회원을 상대로 설문조사를 했다. 우선 경제학의 핵심적인 방법론에 대한 견해가 갈렸다. 인간이 합리적 효용극대

우리는 조금 불편해져야 한다

화론자이고 수학적 모델이 중요하며 국내총생산이 경제성장을 측정하는 쓸 만한 지표라는 핵심적인 전제에 대해 여성 경제학자들은 남성보다 더 부정적이었다. 여성 경제학자라면 조안 로빈슨에 찬동할 가능성이 높다는 것이다.

차이는 구체적인 정책 문제에서 더 분명해졌다. 시장의 해법이 대부분의 상황에서 가장 효율적인 배분 방식이라는 것에 남성 경제학자 88.5%가 동의했지만, 여성 경제학자들의 경우 79.7%가 동의했다. 당연하게도, 정부의 역할에 대해서는 여성 경제학자들이 더 긍정적이었다. 좀 더 구체적으로, "월마트가 사회 전체에 비용보다 더 큰 편익을 가져온다."는 주장에 남성 경제학자 80%가 찬성했지만, 여성의 경우는 50%에 불과했다. 소득분배와 누진과세의 필요성에 대해서도 남녀 경제학자들 간에는 20% 포인트 이상 차이가 났다. 최저임금에 대한 인식도 전혀 달랐다. 최저임금이 비숙련 노동자의 실업률을 높인다는 사고는 지극히 '남성석'이었다. 환경 문제에 대해서도 여성이 훨씬 적극적이었다.

남녀 차별에 관한 문제에서는 의견이 완전히 갈라졌다. 예컨대 남녀 임금 격차가 교육 정도나 직업 선택 등과 같은 자발적이고 개인적인 요인들에 의해 설명된다는 주장에 남성 경제학자 55% 정도가 동의했는데, 여성 경제학자들은 한마디로 어림없다는 반응을 보였다. 15%만이 동의했다. 고용 기회의 평등에서도 전혀 상반된 평가를 내렸다. 이런 차이는 경제학 교육에 대한 평가에서도 나타났다. 경제학 교육이 남성 편향적이라는 점에 여성 경제학자의 과반수가 찬성했지만, 남성 경제학자들은 이를 터무니없는 주장이라 생각했다. 15% 남짓의 남성 경제학자가 여성의 불만에 동감을 표했다.

유럽이라고 사정이 다르지 않다. 최근 이 연구그룹이 동일한 설문기법을 이용해 유럽 경제학자들을 조사했다. 아직 공식적으로 발표되지 않은 조사 결과에 따르면, 유럽 경제학자들은 대체적으로 미국 경제학자들보다 시장과 정부 개입의 균형을 강조하는 편이었다. 말하자면, 유럽의 평균적 경제학자는 미국의 남성 경제학자보다 여성 경제학자에 더 가까웠다. 그럼에도 유럽 내부에서 남녀 경제학자의 차이는 컸다. 미국에서 발견된 남녀 차이가 유럽에서도 그대로 드러났다.

바야흐로 경제학과 불화하는 시대다. 경제는 어렵지만, 경제학은, 그리고 경제학자들은 아직 요지부동이다. 이 모든 것이 오해라는 볼멘소리까지 나온다. 그래서 말이다. 좀 더 공평하고 안정적이고 환경 친화적인 세상을 원한다면, 여성 경제학자가 더 큰 목소리를 내고 경제학이 좀 더 '여성화'해야겠다. 조안 로빈슨은 『불완전경쟁의 경제학』이라는 책을 낸 지 30년이 지난 1969년에 수정판을 냈다. 그녀는 수정판 서문에 '시장 제일주의' 관념이 그동안 전혀 바뀌지 않은 것을 한탄하면서 향후 40년을 기대했다. 이미 40년이 훌쩍 지난 오늘날, 그녀가 살아 있었다면 무엇이라고 했을지 새삼 궁금해진다.

우리는 조금 불편해져야 한다

육체적 아름다움에 취한
노동시장

수세기에 걸쳐 명성을 떨쳤던 철학자나 문필가들은 육체적 아름다움에 현혹되지 말라고 설파했다. 조지 버나드 쇼는 "아름다움이란 처음 보았을 때만 아주 좋을 뿐이다. 이 아름다운 것이 집안에 사흘 동안 있었다면 누가 쳐다보기라도 하는가?"라 힐난했다. 『멋진 신세계』를 저술했던 헉슬리는 한발 더 나아가 아름다움을 경멸했다. "아름다움이란 와인보다 더 몹쓸 것이다. 가진 자와 보는 자, 모두를 취하게 만든다." 평생을 아름다운 여배우에 둘러싸여 살았던 두 남자가 한 말이니, 겉멋을 내보고자 한 빈말일 수도 있겠다.

최근의 성형 열풍은 버나드 쇼와 헉슬리에게는 당혹스러운 일이겠다. 굳이 따지자면, 그들은 육체적 아름다움의 심미적 가치를 경계하고자 했겠지만, 그 화폐적 가치에 대해 무지했을 것이다. 시장경제에서는 외모도 돈이 될 수 있기 때문이다. 엄밀히 따지자면, 버나드 쇼의 말은 틀렸다. 오로지 생산성과 노력에만 기초해서 급여를 결정한다는 노동시장에서 신체적 아름다움은 사흘이 아니라 평생 간다. 그리고 헉슬리의 말은 전적으로 옳다. 아름다움은 와인처럼 노동하는 현장도 취하게 만든다. 적어도 그렇게 믿는 사람들이 많다.

경제학자들은 무엇이든지 숫자로 확인하지 않으면 직성이 풀리지 않는 직업병을 가진 사람이다. 그들에게 "저 사람들은 외모가 출중해서 돈도 잘 벌고 잘 나간다."라고 말하는 것은 잘해 봐야 개인적인 관찰에 불과하다. 외모가 평범한 사람에 비해 얼마나 더 버는지, 또 직장에서 얼마나 잘 나가는지를 수치로 제시해 주어야 한다. 또 이런 주제는 장안의 화제가 될 만한 관심사이기도 하다. 물론 경제학자는 이런 대중적 관심사에 항상 발언하길 좋아한다. 경제학자들의 연구가 없을 리 없다. 1994년 해머메쉬Daniel Hamermesh와 비들Jeff Biddle은 미국과 캐나다 자료를 분석해 보았다. 자신의 외모를 스스로 평가하여 '출중', '평균 이상', '평균', '평균 이하', '최하' 중 하나를 고르게 했다.(자존심이 걸린 미묘한 문제라 '출중'이나 '최하'를 선택한 사람은 거의 없었다. 대부분 '평균 이상'이나 '평균'이라 답했다. 나도 '평균'이라 우길 것이다.) 이러한 외모 평가를 임금과 연결시켜 보면, 이른바 '외모 프리미엄'을 계산해 볼 수 있다.

외모에 그다지 자신 없는 사람에게는 미안한 얘기지만, 연구 결과는 일반인의 통념을 확인시켜 주었다. 임금은 외모 수준에 정확히 비례했다. 평균 이하의 외모를 가진 사람은 평균 이상의 외모를 가진 사람의

우리는 조금 불편해져야 한다

임금보다 약 10~15% 정도 적었다. 교육 수준이나 건강 등 개인적 노동 수입에 영향을 줄 수 있는 요인들을 다 고려하고도 남은 임금 격차로서, 연구자들은 이를 순수하게 외모에 기인하는 임금 격차라고 해석했다. 이런 '외모 프리미엄'은 남자들에게 조금 높이 나타나긴 했지만, 남녀 간의 차이가 통계적으로 그리 크지는 않았다. 즉 외모 프리미엄은 여자만의 문제가 아니라, 남자에게도 중요하다는 것이다.(또 한가지 사족을 달자면, 이 외모 프리미엄은 얼굴 생김새에 관한 것이고, 키나 몸무게는 포함되어 있지 않다. 나에게는 다행한(!) 일이지만, 이 연구에서는 키와 임금 소득 간에는 통계적으로 유의한 관계는 없었다.)

그러면 외모 프리미엄은 어디서 생기는 걸까? 외모가 뛰어난 사람이 일을 더 잘하고 능력이 뛰어난 것일까? 이래야만 일 잘하는 사람에게 월급 많이 준다는 '상식'에 부합할 것 같고, 또 그래야 평범한 외모를 가진 사람들이(나를 포함하여) 덜 억울할 것 같다. 위의 연구자들은 이런 증거를 찾지 못했다. 굳이 연관이 될 만한 것을 찾았다면 이런 것들이다. 우선, 외모가 평균 이상인 사람은 그렇지 못한 사람보다 자신감이나 자존감이 높았다. 자신감이 넘치면 일을 더 열심히 잘할 것이라 주장할 수도 있겠으나, 결정적인 증거는 찾지 못했다. 둘째, 외모 프리미엄은 동종 직종 내에서 차별이라기보다는 고임금 직종에 진출하는 용이성과 관련이 있었다. 한마디로, 고임금 직종에서 일자리를 찾을 때 외모가 좋은 사람이 유리하다는 얘기다. 외모로 인한 진입장벽이 높다는 것이다. 이런 추론이 맞다면, 시험 공부에 투자하는 것보다는 외모에 투자하는 게 경제적으로 지혜롭다는 말이 된다. 성형 열풍은 감성적으로 슬픈 일인데, 이에 '개별적 경제적 합리성'이 있다는 것은 씁쓸한 일이다.

다시 한번 생각해 보자. 기업은 인적 자원을 포함한 모든 자원을 가용하여 생산을 최적화하고 이윤을 극대화하는 경제 단위다. 반드시 능력이 뛰어나지도 않은 미남과 미녀를 상대적으로 고임금을 주면서 고용한다는 것은 기업으로서는 손해 보는 일이다. 기업이 과연 자신의 정체성을 부정하는 이런 일을 할까? 혹 외모 프리미엄은 통계적 가공물artifact이 아닌가? 불행히도 이런 문제를 직접적으로 확인하기는 쉽지 않다. 객관적인 자료를 얻기도 힘들다. 인사 담당자와 인터뷰를 해도 딱 부러지는 답을 얻기는 불가능하다. "우리는 능력 중심으로 평가하며 이를 급여 체계에 반영하고 있다."는 교과서식의 답변을 듣기 십상이다.

이런 답답한 상황에서 돌파구를 찾고자 하는 노력의 일환으로, 모비우스Markus Mobius와 로젠브라트Tanya Rosenblat는 2003년에 아르헨티나의 한 대학에서 대학생을 상대로 실험을 해 보았다. 우선 무작위로 학생들을 5명씩 나눈 뒤 각각 고용주와 노동자의 역할을 하게 했다. 노동자의 역할을 하게 된 학생들은 자신의 증명사진을 제출하게 했다. 외모를 평가하기 위한 것이었다. 외모를 다섯 가지 범주로 나눈 점에서는 앞선 실증 연구와 동일하지만, 한 가지 다른 것은 '객관성'을 유지하기 위해 외모 평가를 본인이 아니라 제3자에게 맡겼다는 점이다. 평가를 위해 10명의 고등학생이 동원되었다.

노동자 역할을 맡은 학생들이 해야 할 '노동'은 컴퓨터상으로 하는 미로찾기 게임maze solving game이었다. 이 게임은 일종의 능력과 기술을 쉽게 보여 주면서도, 외모와 전혀 관련 없는 것으로 판단됐다. 실험상의 노동자들에게는 가장 초보적인 단계의 게임을 하게 한 다음에, 얼마나 빨리 끝냈는지를 기록했다. 말하자면, 노동자의 생산성을 측정한 것이다. 그런 다음에, 이 노동자들에게 15분 내에 어느 단계의 게임까지 끝낼 수 있을지를 물었다. 노동자의 '자신감confidence'을 측정하려는 방법이었다. 고용주 역할을 맡은 학생들은 위의 두 가지 기록이 담긴 '이력서'를 보고, 주어진 예산제약하에서 각 노동자들에게 줄 임금 수준을 정했다. 물론 가상의 상황이긴 하지만, 일반적인 채용 과정에 존재하는 중요한 측면들이 잘 반영되도록 세심하게 신경을 썼다.

이 실험의 가장 흥미로운 대목은 이런 임금 결정 과정에서 노동자와 고용주가 접촉하는 방식을 변화시키면서 그 결과가 어떻게 바뀌는지를 본 점이다. 외모의 효과를 증가시키는 방향으로, 크게 네 가지 방식을 실험해 보았다. 첫 번째 방식은 우선 가장 단순한 방식으로서 고용주가 개별 생산성 정보가 담긴 이력서만 보는 방식이다. 두 번째 방식은 이력서에 증명사진을 첨부하는 것이다. 세 번째 방식에서는 두 번째 방식에 전화 면접을 도입했다. 마지막 방식은 증명사진 첨부된 이력서를 두고 대면 면접을 하는 방식이다. 이와 같은 다양한 접촉 방식에 따라 노동자의 임금은 달라질까?

이제까지 설명한 실험 상황에서, 고용주의 이익은 결국 생산성과 임금 간의 격차에서 나온다. 생산성에 따라 임금을 지불하는 게 최선이다. 하지만 실험 결과는 전혀 달랐다. 실험한 네 가지 방식 간에 '미로

찾기 생산성'은 그다지 변하지 않았다. 그럼에도 불구하고, 외모가 좋은 노동자들은 그렇지 못한 노동자보다 12~17% 정도 많은 임금을 받았다. 증명사진과 전화 통화가 동원된 방식에는 약 12%의 외모 프리미엄이 생겼다. 대면 면접의 경우에는 외모 프리미엄이 17%까지 올랐다. 오로지 생산성 정보만 담긴 이력서만 제공되고 외모에 관한 어떤 정보도 제공되지 않은 첫 번째 방식에서는 물론 외모 프리미엄이 전혀 발견되지 않았다.

결국 아리스토텔레스가 옳은 셈이다. 그는 일찌기 기원전 3세기 전에 "개인적 아름다움은 글로 씌어진 그 어떤 추천서보다 뛰어난 추천서"라 했다. 아직도 많은 이들이 이런 믿음을 공유하고 있고, 그래서 외모에 대한 투자에 적극적이다. 하지만 이 투자는 생산적이지 않다. 총체적인 생산성은 변하지 않기 때문이다. 외모 프리미엄이 생기려면, 거칠게 말하자면, 외모에 뒤처지는 사람의 희생을 필요로 한다. 모든 사람들이 모두 다 똑같이 잘났고 외모의 격차가 없다면, 외모 프리미엄은 당연히 존재할 수 없다. 외모라는 추천서는 그래서 차별적이고 비생산적이다. 개인적으로 합리적일지 모르나, 전 사회적으로는 비합리적이다.

아리스토텔레스가 옳다면, 외모 프리미엄을 없애는 건 불가능할지 모른다. 하지만 외모 프리미엄이 지나치게 크면, 외모를 둘러싼 비생산적인 경쟁이 생겨난다. 결국 프리미엄을 줄이는 것이 사회적으로도 이익이 될 수 있다. 외모의 임금 효과를 실험했던 연구진들은 외모 프리미엄을 줄이기 위한 방법으로 두 가지를 제시했다. 우선, 대면 면접

우리는 조금 불편해져야 한다

을 피하고, 전화 면접을 할 것. 그리고 고용주와 노동자들 간의 구두 접촉을 줄일 것. 불행히도 이 두 가지 모두 비현실적이다. 지원자 중 옥석을 가리기 위한 대면 면접인데, '달은 아니 보고 손가락만 본다.'는 이유로 대면 면접 자체를 없앨 수는 없다. 그리고 고용주와 노동자들 간의 대화는 실보다는 득이 많다. 구더기 무서워서 장을 못 담가서야 되겠는가.

조금 쉬운 방법부터 생각해 보자. 우선 이력서에 사진 붙이는 것을 금지하는 게 옳다. 외모 때문에 면접 기회까지 박탈하는 것은 기본적으로 공정하지 못하다. 개인의 의사를 존중하자는 취지에서, 사진 첨부를 선택 사항으로 두자는 생각도 있겠다. 하지만 이 또한 반대효과를 낼 위험이 높다. 외모에 자신 있는 이는 사진을 첨부하고, 그렇지 않은 이들은 사진을 내지 않을 가능성이 높아서 이른바 자기선택self-selection 현상이 나타날 수 있다. 사진 첨부 여부만으로 외모 정도는 판단할 수 있게 되는 자가당착적인 상황이 올 수 있다.

보다 근본적인 해법은 직무job 디자인에서 찾아볼 수도 있겠다. 사무직종에서 흔히 발견되는 현상이지만, 직무 내용이 불분명해서 채용, 급여, 승진 문제에서 판단 기준이 애매한 경우가 있다. 이 경우 노동생산성을 측정하기 힘들다. 이때, 대안적인 지표를 찾기 마련인데, 그러다 보니 직무와 관련성이 떨어지는 요인을 고려하기 쉽다. 개인적인 친분, 충성도, 그리고 외모의 효과가 커질 가능성이 높다. 직무 디자인이 제대로 되지 않으면, 고용주의 파이도 커지기 마련이다.(물론 독립적으로 일하는 전문직군은 물론 예외다.) 직무를 정확히 정하고 성과 판단

기준을 명확히 하는 것이 더디지만 효과적인 정공법이다. 헉슬리식으로 말하자면, 와인에 취하는 걸 피하려면 와인에 손댈 일을 없애는 게 빠르다는 얘기다.

히틀러가 존경한 유일한 미국인,
헨리 포드

헨리 포드는 미국의 산업 영웅이다. 정원 딸린 집에 자동차 한 대를 미끄러지듯이 몰고 들어가는 중산층의 꿈을 현실로 만드는 데 결정적 공헌을 했다. 조금 과장하자면, 아메리칸 드림의 물질적 토대를 만든 인물이다. 게다가 보기에 따라서는 마음 씀씀이가 넉넉한 기업인이었다. 노동자에게 인색한 짠돌이 기업가라는 전통적 이미지를 깨버린 '근대화의 기수'다. 밤새 임금을 두 배로 올려 전 세계의 기업가를 경악하게 했다. 노동자의 주머니가 넉넉해야 자동차를 산다는, 그러니까 노동자가 잘살아야 기업이 번창한다는 '혁명적 신념'을 온몸으로 실천했다. 대량 생산과 고임금이 결합된 체제도 그에게서 출발한 탓에, 흔히 포드주의Fordism라 불린다. 물론 해석은 갈린다. 어떤 이는 포드에게서 '풍요로운 사회의 도래'와 '계급 사회의 종언'을 찾았지만, 다른 이는 '비극의 시작'을 보았다.

헉슬리는 포드주의의 비극적 요소를 극단으로 밀어붙였다. 그의 소설 『멋진 신세계』는 포드주의적 방식으로 조직돼 있고, 신세계의 기원 연도를 '포드 원년'이라 부른다. 당연히 포드가 T모델을 만들어 자동차 대량 생산의 신기원을 열어젖힌 1908년이 포드 원년이 된다. 그곳 사람들은 '나의 주님'이라 부르지 않고 '나의 포드님'이라 부른다. 찰리 채플린의 〈모던 타임즈〉는 이런 신격화된 포드주의 속에서 너무나 인간적인 찰리가 고투하는 모습을 그린 영화다. 찰리는 공장 문밖을 나서면서 포드주의의 늪에서 벗어나고 사랑을 찾아 나섰으나, 헉슬리는 그런 찰리의 천진난만한 생각을 질타한다. 너의 사랑마저 '나의 포드님'의 오묘한 질서 안에 '계획'된 것이니 사랑의 미몽에서 깨어나라고 한다. 포드라는 새로운 신은 공장에만 머무르는 것이 아니라, 곧 하나의 세계라는 것이다.

포드는 이렇듯 비관과 낙관을 양분하는 분열적 인물이다. 동시에 또다른 어두운 과거를 가진 문제적 인물이다. 그는 미국의 대표적인 나치주의자다. 히틀러와 깊은 친분을 나누었고 독일 국민훈장까지 받았다. 오늘날 폭스바겐이라는 세계적인 대기업을 만들어 낸 히틀러의 '국민차' 프로젝트는 실상 포드의 성공에 영향받은 것이었고, 포드 자신도 기술적 지원을 아끼지 않았다. 그가 지지한 나치주의가 저지른 유태인 학살을 알고도 모르쇠 했다. 물론 수많은 논란과 날선 비판이 따랐다. 게다가 독일과 전쟁을 벌인 제2차 세계대전 중에 포드의 이중

우리는 조금 불편해져야 한다

적 태도는 늘 문제가 되었다. 나치즘의 독일에 우호적이면서 군사력 개선에 직간접적으로 기여한 포드는 미국에도 절대 불가결한 인물이었다. 포드 회사의 도움 없이는 군용차를 비롯한 핵심적 전쟁 장비를 확보할 수 없었기 때문이다. 미국 정부에 다소 비협조적이기까지 한 그의 애매한 경영 방식 때문에 회사조차 빈사 상태에 빠졌다. 회사 임원들도 그를 만나길 극도로 꺼렸다. 전쟁이 끝나자마자 회사 경영권은 그의 손자에게 넘어갔고 전쟁 기간에 그가 보인 행적에 대한 공식 조사가 불가피해졌다. 하지만 그는 1947년에 세상을 떠났다.

그는 왜 나치주의자가 되었을까. 사실 그는 히틀러 이전의 나치주의자였고, 또 히틀러 이전의 반反 유태주의자였다. 1920년대 들어 포드는 사실상 미국의 자동차 산업을 지배하게 된다. 거리에 다니는 자동차 중 절반 이상이 포드 자동차였다. 그의 정치적 영향력도 커졌다. 제1차 세계대전 중에 반전주의자로서 왕성한 활동을 한 덕분에, 우드로 윌슨 대통령도 공식적으로 인정한 대표적인 평화주의자로 그 이름을 떨쳤다. 이렇게 경제적·정치적 영향력이 정점에 달할 무렵, 그는 「디어본 인디펜던트Dearborn Independent」라는 주간지를 발간하기 시작한다. 디어본은 그의 고향이다. 이 주간지의 목적은 단 하나였다. 오로지 반유태인적 메시지를 전달하기 위해서였다. 특히 19세기에 시온의 지도자들이 세계 정복을 위해 은밀히 작성해 왔다는 '시온 장로 의정서The Protocols of the Elders of Zion'를 대대적으로 배포하고 알렸다. 무려 50만 부를 찍어 돌렸다. 그리고 이 책에 기초해 포드는 「국제 유태인: 가장 시급한 문제」라는 글을 연재했다. 시온 의정서는 당시부터 위조

된 문서로 알려졌지만, 그의 태도는 놀라우리만큼 완강했다. 문서의 진위와는 상관없이, 시온 의정서가 현재 일어나는 상황과 딱 맞아떨어진다고 강조했다. 사태가 심상치 않자, 법원에서는 출판 금지와 포드의 공식 사과를 명령했다. 포드는 이 판결을 받아들이면서, 보좌관들의 잘못으로 돌렸다. 하지만 이는 포드의 영민한 정치적 제스처였을 뿐, 그의 생각에는 변함이 없었다.

파급력은 엄청났다. 미국 곳곳에서 시온 의정서와 요약본이 퍼지며 반유태인 세력이 형성되었다. 영국을 비롯한 유럽에도 배포되었다. 급기야 독일에서 변고가 났다. 히틀러는 의정서를 독일어로 출판하면서 포드의 글도 번역·배포했다. 히틀러는 포드의 이론을 독일에 적용하겠다고 공공연하게 떠들었고, 마침내 그의 악명 높은 저작 『나의 투쟁』에서 포드를 자신이 존경하는 유일한 미국인으로 언급한다. 미국을 점령하려는 유태인에 맞서 저항하는 위대한 미국인이 포드라는 것이다. 이렇게 히틀러는 포드의 T모델을 기초로 해서 폭스바겐을 만들어 냈을 뿐 아니라 포드의 반유태인 이론을 현실에 철두철미하게 적용했다. 포드가 히틀러의 악몽 같은 야심을 위해 동원된 핑곗거리인 측면도 없지 않겠지만, 포드의 영향력은 결코 적지 않았다.

그러면 포드가 유태인을 그토록 싫어한 이유는 무엇인가? 시온 의정서에 따르면, 유태인은 언론과 은행을 비롯한 세계 금융을 장악함으로써 세계 정치와 문화를 장악하려고 한다. 특히 부를 금융권에 집중시킨 뒤 이를 장악하는 것이 중요한데, 설사 생산적인 실물 부문에서 희생이 생기더라도 이를 감수해야 한다. 포드는 이를 강하게 믿었다.

포드의 심장인 실물 생산, 그의 산업자본가로서의 자부심을 건드렸다. 시온 의정서가 조작된 문서라는 점이 그에게 그다지 중요하지 않은 이유이기도 하다. 문서는 조작됐더라도, 문서는 여전히 진실을 가리키고 있다고 믿었다. 그 믿음의 이면에는 산업자본가로서의 독특한 경제관이 있다.

포드는 기본적으로 금융을 신뢰하지 않았다. 금융의 비정상적 확대는 곧 경제를 망치고 퇴락시킨다고 생각했다. 반유태인 사상을 선전하기에 여념이 없던 1922년 그가 쓴 책 『나의 삶과 일』에는 이런 구절이 나온다. "제조업의 주요 목적은 생산하는 것이고, 이 목적이 지켜진다면 금융은 대략 회계장부 정리에 불과한, 이차적인 일일 뿐이다. … 은행은 기본적으로 돈을 안전하고 편리하게 보관하는 곳이다.", "은행은 산업의 주인이 되어서는 안 된다. 은행은 산업에 복무하는 하인이어야 한다." 그러나 그가 본 현실은 정반대였다. 기업이 사업 확장을 위해 은행 대부에 의존하게 되면서, 은행의 영향력이 커지고 급기야 은행이 여타 기업을 지배하는 주객전도가 일어났다. 중앙은행마저 '돈장사'에 불과한 금융자본 논리에 휘둘렸다. 언론도 학계도 이를 부추겼다. 따라서 생산이나 실제적인 일보다는 돈을 굴려 더 큰 돈을 만들 궁리만 하게 되었다. 포드가 가장 우려한 상황이었다.

이 정도의 주장은 이해해줄 만하다. 자수성가한 산업자본가였고, 생산하지 않고 생기는 이윤을 믿지 않는 원칙론자였다. 이윤이 생기면 금고에 쌓아 두었다가 은행에 넣어 두고 이자만 받으면 되는 법. 그 돈은 오로지 미래의 생산적 투자를 위한 것이라 생각했다. 금융이 세상에 기여한 가치는 거의 없다고 본 것이다. 그런 탓인지 그는 회계사에게도 의심의 눈초리를 보냈다. 그의 눈부신 성공은 곧 세상의 성공을 판단하는 기준이 되었다. 생산하지 않는 자는 한 푼도 받을 권리가 없다는 신념이었다.

포드는 여기서 한 발짝 더 나갔고, 바로 거기서 그의 비극이 시작된다. 그는 금융자본의 경제 지배라는 '불행한' 사태는 '하나의 인종적 근원' 때문에 생겼다고 확신했다. 유태인에게 혐의를 두었다. 그리고 이런 사태는 여차여차해서 생긴 우연의 결과가 아니라 유태인들의 '계산된 전복'으로 보았다. 시온 의정서가 조작된 것으로 판명났으니, 마땅한 증거는 없었다. 그의 산 경험이 곧 증거였다. 자신의 경험으로 자신을 설득해서 확신에 찬 포드는 과감한 선언을 하기에 이른다. "이제 문제는 명확해졌으니, 모든 것은 유태인이 하기에 달렸다." 다소 섬뜩한 경고도 덧붙였다. "그들이 늘 주장하듯이 그렇게 현명하다면, 미국을 유태인 국가로 만들려고 할 것이 아니라 스스로 (진정한) 미국인으로 거듭나려고 노력해야 한다."

제2차 세계대전은 그의 음모론에 불을 불였다. 포드는 전쟁이 이윤만을 추구하는 금융자본가들의 탐욕 때문에 생긴 것으로 믿었다. 미국 상선이 독일 잠수함 유보트의 공격으로 침몰하는 사건이 발발하고, 소설가 어니스트 헤밍웨이가 어선을 끌고 나가 잠수함을 잡겠다고 카리브해를 음주항해 하는 '예술가적' 기괴함을 보여줄 때, 포드는 이 모든 것이 '전쟁광 금융자본가'의 음모라는 기괴한 주장을 내놓았다. 여러 차례 뇌졸중의 위기를 겪으며 몸도 마음도 지쳐 갈 때였다. 그가 독일과 유럽 곳곳에 만든 포드 공장에서 노예노동과 강제노동이 늘어난 때이기도 했다. 풍요를 약속했던 공장이 착취의 공장으로 바뀌어 갔다.

포드는 아마 반쯤은 옳았고, 반쯤은 틀렸을 것이다. 금융자본의 지배를 경계하자는 포드의 견해는 경청할 여지가 있다. 금융위기로 시작된 대침체가 여전히 진행 중인 오늘날에는 특히 그렇다. 하지만 이를 유태인에 대한 대대적인 공격으로 연결한 포드는 틀렸다. 무엇보다도 그의 오류는 치명적이었다. 그의 날선 혀는 인류를 공포로 몰아넣었다.

또한 그의 치명적 오류는 시사적이다. 금융을 잘 다스리지 못한 경제는 위기에 약하고, 비인륜적 주장에 손쉬운 핑곗거리를 준다. 최근 경제 위기를 겪고 있는 유럽 국가에서 등장해 세력을 늘리고 있는 극우 단체를 보면 그렇다. 포드의 서늘한 그림자가 보인다. 예컨대 그리스의 극우 나치 성향의 황금새벽당Golden Dawn은 금융자본과 유태인의 관계에 대한 인식에서 100년 전 포드와 그다지 다르지 않다. 여론도 만만치 않다. 최근 한 여론조사에 따르면, 그리스 국민의 80% 이상은 유태인이 기업이나 금융시장에서 지나치게 많은 권력을 가지고 있다고 생각한다. 이런 측면에서 보면, 유태인을 '보호'하는 지름길은 금융의 비대화와 지배를 막는 것이겠다. 설령 금융자본의 핵심에 유태인이 많다고 하더라도, 금융자본을 적절히 통제하면 될 일이지 유태인을 직접 공격할 이유는 없다. 매번 한 아이가 독식하는 구슬놀이라면, 구슬은 나누어 가지도록 규칙을 바꾸면 된다. 손재주가 뛰어난 아이를 두들겨 패고 쫓아낼 일은 아니다.

금융자본 지배에 대한 포드의 우려는 당시에도 낯설지 않은 것이었다. 좌우를 떠나 많은 이가 주장했다. 그중 가장 두드러진 연구는 1910년에 출간된 루돌프 힐퍼딩Rudolf Hilferding의 『금융자본론』일 것이다. 그는 금융자본이 경제를 지배하면서 국가까지 장악하게 되고, 이로 인해 전쟁의 위험도 높아진다는 점을 방대한 저서를 통해 낱낱이 고발했다. 포드가 그의 책을 읽을 기회는 없었다. 아쉽다. 금융자본의 폐해를 포드 자신보다 강하게 경고한 힐퍼딩도 유태인이었다. 그는 포드의 '친애하는' 친구 히틀러를 피해 망명길에 올랐으나, 끝내 게슈타포의 총탄에 쓰러졌다. 역사를 통틀어 금융자본의 폐부를 까발리며 정면 공격하고 이 때문에 희생된 이들도 유태인이니, 참으로 역사의 아이러니다. 이렇게 핍박받던 유태인이 나라를 세워 오늘날 옆 나라를 폭격하며 선량한 시민을 학살하고 있으니, 이 또한 역사의 아이러니다.

우리는 조금 불편해져야 한다

그리스여,
그 강을 건너지 마오

1979년 가을 어느 날, '보스'라는 투박한 애칭을 가진 브루스 스프링스틴은 반핵 콘서트에서 노래한다. 데뷔한 지 15년여가 흘렀고, 그동안 일하는 사람들의 구체적 일상을 노래로 옮겨 왔지만, 정치적 공연은 멀리해 온 그였다. 노래는 단 2곡. 그중 하나는 이제 막 만들어 소개하는 신곡이었다. 제목은 「강」. 그가 늘 애틋하게 여겨온 여동생도 초대했다. 이 또한 처음 있는 일이었다.

하모니카가 앞서고 그의 거친 목소리가 뒤따랐다. 읊조리듯 노래한다. "나는 골짜기에서 왔지. 아빠가 살아온 대로 살아가야 하는 곳에서. 그러던 어느 날 고등학교에서 17살의 사랑스러운 매리를 만나 도망쳤지. 푸른 평야가 있는 곳으로. 그곳엔 강이 있었어. 우린 강물을 따라 자유롭게 떠돌았지. 곧 매리는 아이를 가졌지. 내 나이 19살. 서둘러 혼인신고를 했네. 웃음도, 꽃도, 그리고 웨딩드레스도 없는 결혼식. 그날 밤, 우린 다시 강으로 갔지. 돈을 벌어야 해서 막일을 했는데, 경기가 좋지 않아 벌이가 시원찮았어. 그러니까 알겠더군. 중요하다고 생각했던 것들이 그냥 공중으로 사라진 거야. 나는 아무것도 기억하지 못하는 척했고, 매리는 별일 아닌 척했어. 하지만 난 기억해. 동생 차를 타고 저수지로 가서 노닐던 밤. 몸이 젖은 채로 우린 방죽에 누워 있었어. 난 매리를 내 옆으로 이끌었이. 서로의 숨결을 느낄 수 있게 말이야."

브루스 스프링스틴의 목소리가 이렇게 고조되어 있을 즈음, 여동생은 직감했다. 오빠가 노래하고 있는 매리가 바로 자신이라는 것을. 그제야 그녀는 브루스가 노래하기 전에 얼버무리듯이 한 말의 뜻을 알게 되었다. 감정이 고조되어 더욱 거칠어진 노래는 계속된다. "아, 이젠 이런 기억들이 나를 저주처럼 괴롭혀. 이루지 못한 꿈은 거짓일까, 아니면 거짓보다 더 비참한 것일까. 그래서 난 다시 오늘 밤 그 강으로 가려 해. 이미 말라버린 강이지만."

그리스에는 지하로 흐르는 강이 있다. 옛적부터 신화처럼 믿어온 강인데, 5개의 작은 강이 촘촘하게 이어져 있다. 그중 하나가 흔히 알려진 망각의 강, 레테다. 상상의 강이지만, 최근 몇 년 동안 그리스에 흘러온 현실의 강이기도 하다. 그 강의 끝은 저승을 향해 있다.

2010년 봄, 그리스에는 난데없는 소식으로 아케론, 비통의 강이 열린다. 세계 전체가 경제 위기의 격랑에 시달리는 판에, 그리스도 버

우리는 조금 불편해져야 한다

틸 재간은 없었다. 다른 나라들처럼 경제가 어려웠다. 지난해부터 나라 빚이 많다는 얘기가 나돌았지만 그리 걱정할 만한 수준은 아니라고 했다. 무엇보다 정부가 공식 통계를 내보이면서 자신만만해 했다. 그러나 봄부터는 그 통계가 믿을 만한 게 아니고 실은 유럽연합EU에 가입할 때부터 애당초 부채 통계를 의도적으로 축소했다는 뉴스가 나왔다. 세계적 명성을 누리던 골드만삭스가 '부채 축소 작전'을 진두 지휘했다는 흉흉한 소문마저 들리기 시작했다. 소문은 소문을 불러왔고 순식간에 국제 금융시장이 싸늘해졌다. 신용평가기관이 그리스 국채를 휴지 조각이라 선언하는 순간, 정부는 빈사 상태에 빠졌다. 일터에도 곧바로 어두운 구름이 깔리고, 지중해에서 갓 건져 올린 물고기처럼 활달하던 아테네 거리도 고요해졌다. 비통을 넘겨줄 시간이 찾아왔다.

곧이어 코퀴투스, 탄식의 강으로 이어졌다. 과거를 돌이켜 보며 탄식하는 시간이 왔다. '삼총사'가 아테네에 찾아왔다. IMF, 유럽중앙은행, 그리고 유럽위원회가 돈다발을 들고 도움을 자청했다. 돈가방을 풀기 전에, 그들은 그리스 시민들에게 '흥청망청했던' 과거를 돌아보며 회개하라 했다. 시민들은 흥청망청했던 정치인과 부유층을 또렷이 기억해 냈지만, 자신들의 과거는 돌이켜 보건데 그저 땀내 나는 일상이었을 뿐이다. 하지만 삼총사의 훈계는 따가웠고 무엇보다 그들에게는 돈가방이 있었다. 그들이 내미는 서약서에 순순히 도장을 찍었다. 내용이 그다지 나쁘지는 않았다. 허리띠를 졸라매서 정부지출도 줄이고 임금도 깎고 사회보장도 대폭 축소하면, 당장은 조금 어렵겠지만 넉넉잡고 2년 뒤에는 경제가 회복될 것이라 했다. 더 이상 탄식의 강으로 떠내려가지 않아도 된다고 하니, 삼총사를 믿고 따르기로 했다. 영화에서 본 삼총사처럼 통쾌하길 바랐다.

하지만 곧 불길이 보였다. 모든 영혼이 불태워진다는 플레게톤, 불의 강이 나타났다. 허리띠를 잠시 졸라매는 것이 아니었다. 경제는 나락에 빠지고, 실업률은 28%, 게다가 청년 실업률은 60%에 육박했다. 거리에는 여전히 사람들이 넘쳐났지만 그들은 늘 킬킬대던 예전의 그 사람들이 아니었다. 살림살이가 어려운 이들에게 주어지던 지원금은 줄어들거나 없어지고, 공공부문에서 대규모 해고가 일어났다. 삼총사의 진두지휘하에 진행된 '구조개혁'은 거침없었다. 희망의 해, 2012년이 왔지만 경제는 여전히 악화 일로였다. 오직 정부 부채만이 눈에 띄게 줄었다. 시민들은 불안해졌다. 사방에서 불길이 솟아오르는데 빠져나갈 길은 보이지 않았다. 플레게톤 강의 물살이 세지고 배는 심하게 흔들렸다. 하지만 삼총사는 조금만 더 기다려 보라 했다. 내년에는 괜찮다 했다. 그러면서 이 모든 고통은 '흥청망청했던' 과거의 잘못이라는 점을 상기시켰다. 플레게톤 강바닥에는 코퀴투스의 물줄기가 흐르고 있었다.

부채비율이 많이 줄었다. 부채비율이라 함은 정부 부채 규모를 국민총생산으로 나눈 것이라 했다. 그런데 조금 기이했다. 부채비율이 줄어든 것은 정부 씀씀이를 빈사 상태 수준으로 줄이면서 세금은 열심히 걷어들인 덕분이기도 했지만, 끝없는 불황 덕분에 국민총생산마저 줄었다. 이럴 거면 부채비율을 신줏단지처럼 모실 이유가 뭐냐면서 사람

우리는 조금 불편해져야 한다

들은 수군거렸다. 사실 문제는 좀 더 심각했다. 정부지출을 그렇게 줄였지만, 경제가 계속 불황이다보니 세수도 줄었다. 그런데도 부채비율은 계속 줄여나가야 하니 그나마 대폭 줄어든 정부지출을 더 줄여야 했다. 방송사도 문을 닫고 주민센터도 문을 닫아야 할 판이었다. 악순환의 사슬에 빠진 듯했다. 그러다 보니 첫해에 바짝 줄어든 뒤 부채비율은 고공비행을 계속했다.

삼총사는 그런 얘기도 했다. 최저임금도 삭감하고 공공부문 임금도 줄이면 민간부문 임금도 같이 삭감되어 수출 경쟁력이 강화된다. 경제학자들이 즐겨 쓰는 용어로 '단위당 노동비용'이 줄기 때문이라 했다. 쉽게 말하면 수출 단가가 줄었다는 것인데, 실제로 그랬다. 하지만 어찌된 영문인지 수출은 생각만큼 늘지 않았다. 늘기는 했지만 사람들이 감내해야 했던 비용에 비하면 새 발의 피였다. 사달이 났다. 실업률은 하늘을 찌르고 임금은 줄어드니 시민들의 살림은 고달파졌다. 지갑에 열쇠라도 채워야 할 판이었다. 거리에 사람은 웅성대지만, 가게에 들어서는 사람은 드물었다. 장사는 힘들어지고 기업도 덩달아 생산을 줄였다. 투자할 이유도 없어졌다. 그제야 사람들은 알게 되었다. 악순환의 고리는 완성됐다. 플레게톤 강의 불길은 거세지고 있다. 그 강의 끝은 레테, 망각의 강으로 이어진다. 거기서 모든 것은 잊히고 다시 돌아오는 길은 없다. 스틱스 강은 곧 저승의 세계다. 이제 사람들에게 그 모든 것이 분명해졌다. 조급해졌고, 움직이기 시작했다.

돈기방은 돈 삼총사를 돈으로 이길 수 없었다. 결국은 정치였다. 신예 정당이 나타났다. 시리자Syriza. 비현실적일 만큼 붉은 홍조를 띤 그들의 체구는 우스꽝스러울 만큼 조그마했다. 그들이 말하기 시작하기 전까지 모두들 대수롭지 않게 여겼다. 그러나 그들은 삼총사에 맞서 싸우겠다고 했다. 강물을 거슬러 가자고 했다. 사람들이 모여들었다. 마치 오랜 망각에서 깨어난 사람처럼 광장으로 모여 힘을 모았다. 그리스 바깥에서 비웃음 소리가 들렸지만, 삼총사의 싸늘한 웃음에 이미 익숙해진 사람들이었다. 차근차근 따져 보았다. 삼총사는 누구를 위해서 왔나. 누구를 도우려 한 것인가. 그리스 시민인가, 아니면 그리스 국채를 손에 들고 불안해하는 채권자들인가. 왜 화살이 서민에게 겨눠졌는가. 탈세와 부패로 점철된 정치인, 고급 관료, 과점 기업, 초부유층이 왜 과녁을 피해 있나.

오랜 시간이 걸렸다. 2015년 1월 25일. 40대 젊은 지도자가 이끈 시리자가 플레게톤 강에서 표류하는 배에 올랐다. 뱃멀미에 지친 시민들은 환호했다. 환호한다는 것, 이 또한 오랜만이다. 하지만 역류가 쉬운 일은 아니다. 잠시 돌이킬 수는 있겠지만, 그 강이 시작된 처음으로 돌아가는 길은 멀고도 험하다. 선장이 바뀌고 표류하는 일도 적지 않을 것이다. 그래도 어디선가 시작해야 할 일이다. 누군가 말했다. "재난은 말할 수 없이 고요했습니다… 환난이, 또 한 시절이, 이렇게 적막할 수 있다니요."(함성호, 「고요한 재난」) 더 이상 고요할 수는 없다.

긴 여정 끝에 아케론 강에서 빠져나오는 그리스를 상상해 본다. 그 강 끝에 브루스 스프링스틴의 강이 이어졌으면 한다. 어려운 삶에서도 희망과 꿈을 돌이켜볼 수 있는 방죽이 있는 강이었으면 한다. 이뤄지지 못한 꿈은 거짓인가? 브루스가 물었다. 거짓이다. 하지만 그런 거

우리는 조금 불편해져야 한다

짓조차 없는 삶은 곧 모든 것이 소멸된 스틱스 강의 세계다. 그래서 그리스에서 꿈의 항해가 계속되길 바란다. 브루스의 여동생 '매리'의 실제 이름은 '지니'다. 아이를 셋이나 낳고 손자도 있다. 17살에 만나 도주해 결혼한 남편과 여전히 행복하다.

최저임금이라는
스웨터를 입혀 주자

보통 스웨터sweater라 하면, 추위를 막기 위해 입는 두꺼운 옷을 말한다. 하지만 영어로 엄밀히 직역하자면, 몸에서 땀을 짜내는 옷이다. 말을 훈련할 땀을 빼기 위해서 담요를 덮은 데서 유래했다 한다. 이후 육상 선수들이 체중 조절을 위해 땀을 뺄 때 이 원리를 이용하여 두터운 재킷을 입기 시작하면서 스웨터가 더러 알려지게 되었는데, 대중적인 명성을 누리지는 못했다. 스웨터의 대중화는 양털 스웨터 디자인이 나오면서 시작되었다. 산업혁명 이후 섬유산업의 성장 덕분이었다.

이런 스웨터를 만드는 노동자들에게는 다른 종류의 스웨터가 있었다. 옷이 아니라 사람을 지칭하는 것이었는데, 땀을 짜내기는 매한가

우리는 조금 불편해져야 한다

지였다. 인간 스웨터는 소매상이나 도매상으로부터 옷 주문을 받아서, 이를 노동자들에게 다시 하청을 주는 사람들이었다.

이들은 한 공장에 노동자들을 모아 두고 생산하는 것보다, 노동자 각각의 집에서 일하게 하는 것을 선호했다고 한다. 노동자들이 모여 일하다 보면 집단적인 힘을 키울 것을 걱정했기 때문이다. 노동자들이 분산되어서 생산하면 통제하기가 용이하다고 믿었다. 은근히 경쟁을 부추기면서 단가를 낮추기도 좋았다.

그 결과, 이런 노동자들은 살인적인 장시간 노동에, 굶어 죽지 않을 만큼의 임금을 받았다. 짜낼 수 있는 만큼 짜내는 것이, 인간 스웨터의 역할이었다. 인간 스웨터가 짜낸 노동자의 땀이 스웨터 옷을 대중화한 데 큰 몫을 한 셈이다.

인간 스웨터에 의해 착취당하는 노동자의 참담한 상황을 더는 방치할 수 없었다. 19세기 말부터 대중적 운동이 시작되었다.

흥미롭게도 그 일을 시작한 이들은 노동조합이 아니라 자유주의적 중산층이었다. 그것도 산업혁명의 원조인 영국이 아니라 호주 멜버른에서다. 대중적 단체 National Anti-Sweating League가 만들어졌고 오랜 정치적 캠페인을 벌였다.

그들이 대안으로 내세워 결국 얻어낸 것이 최저임금 법안이다. 이들 노동자들에게 최소한 생존할 수 있는 임금을 보장하도록 한 법안이었다. 노동시간 규제 법안도 뒤따랐다. 최저임금법은 곧이어 뉴질랜드와 미국, 영국 등으로 '수출'되었고, 1928년에는 그나마 최저임금에 관한 국제협약이 채택되었다. 최소한 노동 착취는 없어야 한다는 보편적인 요구에 기초해서 만들어진 최저임금은 자본주의의 도덕적 안전장치라 할 수 있다.

하지만 최저임금 제도의 역사는 역설적이게도 순탄치는 않았다. 오히려 늘 논쟁의 대상이 되어 왔다. 그 논쟁의 핵심에는 최저임금 때문에 고용이 감소한다는 경제학적 주장이 자리하고 있다. 최저임금 도입으로 임금을 올려야 하는 고용주 입장에서는 생산비 유지를 위해 고용을 줄이려 할 것이라는 논리다.

그 논리적 단순성 때문에 이런 주장이 쉽게 받아들여졌다. 특히 대학 시절 경제학개론 강좌를 들은 적 있는 이들에게는 아주 친숙한 주장이기도 하다. 저임금 노동자를 돕겠다는 최저임금이 그들에게 실업이라는 칼날로 돌아간다는 것. 그래서 최저임금의 도덕적 근거는 숭고하지만, 결국은 자충수라는 얘기다.

과연 최저임금 때문에 고용이 감소한다는 이론적 주장에 근거가 있는지 내가 지난 수십 년간의 실증 연구를 검토해 본 결과, 최저임금이 고용을 줄인다는 주장의 실증적 근거는 약했다. 이와 같은 이론과 현실 사이의 괴리는 어디서 왔을까? 다양한 이유가 제시되었다.

우선, 최저임금을 통한 임금 인상은 노동자에게 긍정적인 자극제가 되어 노동생산성을 향상시킬 수 있다. 임금이 오른 만큼 생산성이 증가하니, 기업 입장에서는 그리 손해 볼 것도 없고, 따라서 일자리를 줄일 이유도 없다.

다른 한편으로는, 노동자들이 임금 인상에 만족하게 되면 이들의 직장 이동 빈도가 줄어들 수 있다. 보통 최저임금 노동자들이 밀집해 있

우리는 조금 불편해져야 한다

는 저임금 업체들은 노동자들의 잦은 일자리 이동으로 어려움을 겪는다. 이 때문에 기업은 노동자들의 기술이나 숙련을 높이는 훈련투자를 꺼리는 경향이 있다.

그 결과 낮은 임금과 낮은 노동생산성 간의 악순환의 고리가 정착되곤 한다. 하지만 최저임금 덕분에 노동자 이동 빈도가 줄어들면, 기업 입장에서는 훈련투자를 더할 유인이 생기게 된다. 이렇게 되면, 훈련투자를 통한 숙련 및 기술 향상, 그리고 노동생산성의 향상을 기대할 수 있다.

기업이 최저임금 도입에 대응해 고용을 줄일 이유는 없다는 것이다. 중장기적으로는 생산성 효과가 커지면서 일자리를 늘릴 가능성도 있다. 실제로 일부 실증 연구들은 최저임금의 고용 증대 효과를 보고하기도 했다.

하지만 최저임금이 오히려 생산성과 고용을 높인다는 주장도 기본적으로 노동자가 사용자와 견줄 만한 협상력이 있고, 임금도 노동생산성에 맞추어 결정되고 있다는 가정에 입각하고 있다. 경제학 용어로 말하자면, 노동시장이 '완전perfect'하다고 암묵적으로 가정한 것이다.

그러나 호주에서 최저임금 제도가 도입된 역사적 연원에서 알 수 있듯이, 최저임금 제도는 사용주가 자신의 우월한 시장적 지위를 이용하여 생산성에 못 미치는 임금을 지급하는 상황을 방지하는 데 목적을 두고 있다. 이 경우 최저임금은 사용자가 부당하게 누리는 초과이윤을 줄이는 분배 효과가 있을 뿐이고, 일자리가 줄어야 할 이유는 없다.

런던정경대학London School of Economics의 알란 매닝Alan Manning 교

수는 이런 상황을 수요독점이라는, 다소 난해한 개념으로 설명하고 있다. 쉽게 말하자면, 사용자가 노동자에 대해 우월한 협상 지위에 있을 때, 시장에서 결정되는 임금은 효율적이지 않게 된다. 즉 시장 실패가 생긴다. 이때 최저임금은 이런 시장 실패를 교정하는 효과를 낼 수 있으며, 그 결과 임금도 고용도 모두 증가할 수 있다고 알란 매닝은 주장했다.

최저임금이 시장을 교란한다고 믿는 진영은 최저임금 옹호자를 마치 경제학자로서의 자격 미달이라는 식으로 무시하기도 했다. 노벨경제학상을 수상한 우파 경제학자인 제임스 뷰캐넌James M. Buchanan은 최저임금 옹호자를 심지어 '창녀 무리'에 비유하기도 했다. 또다른 노벨경제학상 수상자인 게리 베커는 정치인이 마법사가 아닌 다음에야 최저임금 같은 제도를 도입해서는 안 된다고 야유했다.

최저임금 옹호자들은 그간의 실증 연구 결과에 비추어 이런 식의 비판을 '이데올로기적 신념의 소산'이라고 평가절하해 왔다. 실제로 미국의 경제학 교수들을 상대로 설문조사를 해 본 결과, 의견이 대체로 반반으로 나뉘었다. 이 또한 노동시장에 관한 미국 예외주의American exceptionalism를 보여 주는 것으로, 다른 나라에서는 최저임금에 대한 경제학자들의 거부감은 실제로 훨씬 적은 편이다.

ILO가 조사해 본 바로는, 현재 90% 이상의 국가들이 최저임금 제도를 도입 운영 중이다. 가장 유연한 노동시장을 가진 곳으로 알려진 홍콩도 2011년 5월부터 법정 최저임금을 도입했고, 오랫동안 최저임금에 대해 적대감마저 보였던 말레이시아도 2013년 1월부터 최저임금을 도입했다. 싱가포르에서도 최저임금 도입에 관한 논쟁이 2010년 이후 시작되었다. 2010년에 영국의 정책전문가를 대상으로 한 조사에서는 최저임금 제도가 지난 30년 동안의 정부 정책 중 가장 성공적인 정책으로 꼽혔다.

최저임금 제도의 인기가 높은 것은 백번 환영할 일이지만, 또 한편으로는 오늘날 노동시장의 우울한 현실을 반영하는 것이기도 하다. 백만불짜리 월급쟁이들의 화려한 삶 저편에는 저임금의 그늘이 있다. 여차하면, 삶이 아슬아슬해지는 경계에 서 있는 노동자들이 늘어났다. 흔히 말하는 취약그룹vulnerable group에 속하는 저임금 노동자들이다. 저임금 노동자는 여성일 확률이 높고, 청년이거나 노년층일 가능성이 높다. 교육 정도가 낮고, 숙련도도 낮은 데다가 비정규직이 태반이다. 직장에서 언제 잘릴지 모르는 데다가, 벌이도 시원찮다.

노동법이 그들의 보호막이 될 법도 한데, 비정규직이다 보니 적용상 어려운 점이 적지 않다. 어차피 비정규직이라는 게 노동법 적용을 제한적으로 만들려고 한 것이라고 본다면 그리 놀랄 일은 아니다. 이론적으로 본다면, 이런 노동자들은 누구보다도 노동조합이 필요할 사람들인데, 역설적이게도 이들의 노조 조직률은 상대적으로 매우 낮다. 아예 노조 가입이 불가능한 경우도 있다. 이러다 보니, 노동법과 노동조합도 저임금 노동자들에게는 '너무 먼 당신'이다.

그런데 이런 사람들의 숫자도 늘어나니, 손을 놓고 있을 수 없는 일. 그래서 부랴부랴 최저임금 제도를 통해 방법을 찾으려고 하고 있다.

물론 법정 최저임금 제도가 없고 이에 알레르기 반응을 보이는 나라들도 있다. 덴마크를 비롯한 일부 스칸디나비아 국가들이다. 그 이유는 간단하다. 노조 조직률이 70% 이상을 넘어서서 사실상 모든 노동자에게 단체협약이 적용되기 때문이다.

반면, 독일에서는 노조 조직률이 현저히 떨어지면서 노조가 저임금 노동자를 포괄하기 힘들어지자, 법정 최저임금을 도입하려는 움직임이 강해졌고, 2014년 7월 3일 최저임금 법안이 하원을 통과했다. 최저임금액은 시간당 약 1만 1,700원. 이로써 독일에서는 2015년부터 최초로 최저임금이 적용될 것으로 보인다.

최저임금 제도를 노동시장을 교란하는 마녀처럼 보는 것도 문제지만, 이를 메시아로 보는 것도 문제다. 최저임금은 일반적으로 하위 10~15% 저소득 임금노동자만을 대상으로 한 것이고, 그래서 그 효과도 그만큼 제한적이다.

하지만 일부 국가들은 최저임금을 노동자 일반을 위한 임금 결정 수단으로 사용한다. 사업장에서 임금 협상하기가 쉽지 않은 상황에서 법정 최저임금 제도를 돌파구로 삼게 된 저간의 사정이야 있겠지만, 이러다 보니 최저임금이 거의 평균임금에 육박하는 일들이 생긴다. 필리핀이 그렇다. 이렇게 되면, 정작 저임금 노동자에게 최저임금은 '그림의 떡'이 되는 역설적 상황이 생긴다.

최저임금을 종이호랑이로 만들지 않도록 잘 집행하는 것도 중요하다. 노동연구원의 황덕순 박사와 이병희 박사의 연구 결과에 따르면, 최근 10여 년간 한국에서 최저임금이 평균 임금과 비교할 때 지속적으로 증가했음에도 불구하고 저임금 노동자가 늘어난 이유는 최저임금 지급 위반이 증가한 데 있었다.

이제는 이론적이고 관념적인 논의에서 벗어나 실사구시의 태도가 필요하다. 적합한 통계와 분석을 기초로 최저임금을 협상해서 결정하고, 그 적용 여부를 체계적으로 감시 감독하면, 노동시장에 그리 걱정할 만한 쇼크는 일반적으로 생기지 않는다. 최저임금이라는 말에 언성부터 높일 일은 아니다.

노동조합도 최저임금이 저임금 노동자들에게 효과적일 수 있도록 애써야 한다. 노사정 최저임금위원회가 구성된 나라에서 최저임금은 노조가 비노조원에게 줄 수 있는 가장 큰 선물 중 하나다. 남의 일처럼 보아서도, 노조의 임금 협상 수단으로 삼아서도 안 된다. 멜버른에서 최저임금이 처음 만들어질 때 당시 노조는 딴청을 피웠다. 현대식으로 표현하자면, 시민운동 세력이 그래서 손을 걷고 나섰다.

그러면 어찌할 것인가. 최저임금이 반시장적이라는 주장은 게으르다. 최저임금은 노동시장이 시장으로서 제대로 작동하지 못하는 '시장실패' 상황에서 정책 개입을 통해 시장을 '정상화'하려는 것이다. 이미 실패한 시장에 '비시장적인' 정책 개입을 한다고 해서 이를 반시장적이라고 하면, 감정 돋친 말싸움을 피하기 어렵다.

그렇다고 최저임금이 만병통치약은 아니다. 그 뜻을 이루고자 하면, 치밀하고 면밀해야 한다. 최저임금을 야심차게 대폭 인상하는 것은 폼 나는 일이지만, 앞뒤를 따지지 않은 야심은 뜻을 이루지 못한다. 최저임금은 열악한 처지에 있는 저임금 노동자를 위한 것이다. 그들에게 실제적 도움을 주지 못한 야심은 정치적 슬로건일 뿐이다. 일부 '명민

한' 이들이 경계하는 것도 이런 위험이다.

몇 가지 원칙이 있다. 우선 협상과 합의의 원칙이다. 최저임금 결정은 과학이 아니다. 수학적 모델이나 통계 기법을 통해 최저임금의 최적 수준을 정할 수 있었다면 논란도 없을 터다. 하지만 유일무이한 최적의 최저임금이란 존재하지 않는 허깨비이고, 따라서 알 수도 없다. 최저임금의 적절성은 결국 노·사·정의 토론과 합의를 통해서 나온다. 노동자나 사용자가 배제된 채 정부가 일방적으로 지정한 최저임금은 행정적으로 용이하겠지만, 적절하지도 효과적이지도 않다. 정부는 토론과 합의의 장을 만들고 유지할 의무가 있다. 시간과 불편함을 핑계로 협상의 판을 깨서는 안 된다. 쉽게 한번 가자는 것이 최저임금을 식물인간으로 만든다. 최저임금은 '정치과학'이다.

협상과 합의는 막무가내로 우기는 것이 아니다. 협상 테이블에 앉은 이들이 존중해야 할 기본 원칙들이 있다. 말하자면 경기 규칙이다. 우선 최저임금의 구매력 보존 원칙이다. 최저임금은 저임금 노동자의 생활을 유지하도록 하는 정책 방편인 만큼, 적어도 물가가 오르는 만큼 최저임금은 올라야 한다. 지난해에 소비자물가가 3% 올랐다면, 최저임금은 최소한 3%는 올라야 한다. 그렇지 못하면 최저임금으로 생활하는 노동자의 생활은 더 궁핍해진다. 최저임금이 그 소임을 다하지 못하는 것이다. 협상이란 무릇 각종 전략이 난무하는 것이지만, 이런 원칙마저 무시하고 물가상승률에 못 미치는 최저임금 인상률을 제안하는 것은 최저임금을 없애자는 말과 진배없다.

둘째, 나눔의 원칙이다. 최저임금은 경제성장의 과실을 저임금 노동

우리는 조금 불편해져야 한다

자에게 나누는 주요한 방식이다. 자명해 보이지만, 쉽게 무시되는 원칙이다. 가령 물가상승분을 제외한 실질 노동생산성 증가율이 4%였다면, 이 또한 최저임금에 반영되어야 한다. 물가상승분만 반영해서 최저임금의 구매력만 유지한다면, 최저임금 노동자의 상대적 처지는 악화된다. 최저임금이 임금 최저선 또는 임금 '바닥floor'이라고 불리지만, 흙투성이 바닥에 포복하는 병사처럼 웅크리고 있어야 한다는 뜻은 아니다. 전반적인 경제 살림이 좋아져서 전망 좋은 고층으로 올라가는데, 마룻바닥만 아래층에 두고 갈 수는 없는 일이다.

셋째, 형평성의 원칙이다. 최저임금이라고 해서 무작정 낮기만을 바라면 안 된다. 오히려 평균적인 임금에서 너무 멀리 떨어져 있으면 최저임금은 제대로 작동하지 못한다. 물론 너무 높아서도 안 된다. 최저임금이 중위임금에 육박한다면 최저임금이 아니게 된다. 역설적이게도 최저임금이 너무 높으면, 저임금 노동자에게 도움이 되지 않는다. 기업이 아예 무시하게 되고, 저임금 노동자늘도 최저임금을 내놓으라고 따지기 힘들다. 기업에도 노동자에게도 비현실적인 최저임금은 '종이호랑이' 신세를 면치 못하게 된다. 나라마다 사정이 다르니 일률적으로 말할 수는 없으나, 최저임금은 중위임금의 40~60% 수준은 되어야 한다. 이 정도 수준에서는 최저임금 때문에 일자리가 줄어들 것이라는 걱정을 과하게 할 필요는 없다.

이 세 가지 원칙만 잘 고려해도 최저임금을 둘러싼 협상은 훨씬 생산적으로 된다. 한쪽에서는 동결을 주장하고, 다른 한쪽에서는 30%를 주장하면서 서로 목청만 높이다가 합의 없이 협상이 끝나는 위험은 줄일 수 있다. 또 이 원칙들이 제대로 반영되려면, 면밀한 조사와 연구가 중요한 전제조건이다.

여기에 한 가지 원칙을 더 부여한다면, 규칙성과 예측성의 원칙이 있겠다. 현재 최저임금이 너무 낮다고 해서 하룻밤 새 100% 인상할 수는 없다. 의욕은 좋지만, 기업에 미치는 영향은 치명적이다. 노동자에게 도움이 되는 것도 아니다. 저임금 노동자를 돕자고 한 정책이 오히려 그들의 일자리를 해칠 수 있다. 최저임금의 대폭적 인상은 체계적이고 계획적으로 추진해야 한다. 그래야 기업이 최저임금에 실질적이고 체계적으로 대응할 수 있다. 기업 입장에서 최저임금의 수준보다 더 곤혹스러운 것은 예측 불가능한 불규칙적 변화다. 따라서 최저임금을 두 배로 올리려면, 수년에 걸친 조정 계획을 수립해야 한다. 그러려면 노동자 대표와 기업 대표 간의 합의와 신뢰가 필요한데, 이때 정부가 '보증인' 역할을 자임하고 나서면 된다. 브라질 같은 개발도상국에서도 5개년 계획을 통해 거뜬히 해낸 일이다.

최저임금을 정하는 것만이 능사가 아니다. 저임금 노동자를 돕자고 하는 정책이라면, 최저임금이 실제로 적용되어야 한다. 합의문을 환영하고 기념사진을 찍는 걸로 끝나는 것이 아니다. 최저임금 인상 소식을 대대적으로 알려야 한다. 저임금 노동자뿐만 아니라 중소기업에도 널리 알려야 한다. 저임금 노동자는 일터에서 목소리 내기가 쉽지 않고, 최저임금 인상에 맞추어 월급을 올려달라는 정당한 권리를 행사하는 데도 눈치 보기 쉽다. 그래서 공격적으로 알려야 한다. 정부의 선심성 예산을 아껴서 주요 언론 1면에 최저임금 인상 소식을 대문짝만하게 알리는 방법도 있다. 노동자들은 이런 신문 광고를 오려서 기업주에게 보여주면 된다. 이것으로도 부족하다면, 편의점과 같이 최저임금 노동자가 집중된 곳에는 의무적으로 최저임금을 공지하도록 해도 좋다. 방법은 많고, 법을 널리 알리는 일은 정부가 게을리할 수 없는 임무다. 최저임금을 단속한다고 한바탕 휘젓고 다니는 것보다 훨씬 경제적이다.

처벌도 중요하다. 최저임금을 주지 않는 기업은 법에 따라 처벌해야 한다. 최저임금을 주지 못할 정도로 운영이 어려운 기업은 퇴출되도록 유도하는 것이 자연스럽다. 그 빈자리는 좀 더 경쟁력 있는 기업이 채우는 것이 경제 전체적으로 이익이다. 최저임금이 기업 생산성 향상에 도움이 된다는 연구가 많은 것도 이런 이유 때문이다. 하지만 일시적인 유동성 어려움으로 고군분투하는 기업에는 단기적 지원을 해주는 것이 옳다. 방식은 많다. 최저임금은 지불하도록 하되, 4대 보험료를 일시적으로 면제해 주거나 직접적으로 임금을 지원하는 방식 등이 있다. 기존 재원을 잘 활용한다면 큰 어려움 없이 할 수 있는 일이다. 다만 일시적이고 한정적 지원이어야 한다. 뜻만 세우면 '창조적'인 방법이 생겨난다.

보기에 따라 최저임금은 임금의 하한선을 일률적으로 정하는 다소 난폭한 방식이다. 하지만 최저임금 없는 노동시장은 더 폭력적이다. 최저임금은 이상적인 임금 결정 방식도 아니다. 이미 지적한 대로, 북구 유럽의 일부 국가처럼 기의 모든 노동자에게 단체 임금협상이 적용된다면, 최저임금은 필요 없다. 실제로 세계 최고의 노조 조직률을 자랑하던 덴마크에는 법정 최저임금이 없다. 반면, 노조 조직률이 급락한 독일에서는 2015년부터 법정 최저임금이 도입되었다. 따라서 최저임금은 노동시장의 '상처'와 '고통'을 막아보자는 '이명래 고약'과 같은 것이다. 고약한 냄새를 때로 풍기지만, 그것이 싫다고 커져 가는 상처를 내버려 둘 수는 없는 일이다. 오늘날의 노동은 많이 아프다.

스웨터 옷을 값싸게 대량 생산하려는 인간 스웨터로부터 노동자를 보호하기 위해 생겨난 것이 최저임금 제도라면, 그들에게 제대로 만들어진 최저임금이라는 스웨터를 입혀 주는 것이 그리도 힘든 일인가.

이 모든 소란을 환영함:
임금의 정치학

      먼 바다를 건너서 물건을 파는 상인들이 있었다. 바다가 넓고 험한지라 길잡이가 필요했다. 어느 날 바다에 격랑이 몰아쳤다. 생사를 오가는 순간에, 상인들은 바다의 신이 진노한 탓이니 사람을 제물로 바쳐야 한다는 얘길 들었다. 상인들은 의논 끝에 길잡이를 제물로 바쳤다. 그러자 바다는 다시 고요해졌고, 상인들은 안도의 한숨을 내쉬었다. 하지만 그뿐이었다. 길잡이를 잃은 그들은 망망대해를 떠돌다가 굶어 죽었다. 『인생의 사막을 건너는 이야기 우화』에 나오는 얘기 한 토막이다. 당장의 이익만 생각하고 한 치 앞도 내다보지 못한 인간의 어리석음에 대한 만시지탄이다. 최근 전 세계적으로 임금을 인상해야 한다고 정치권에서 목소리를 높이는 걸 보면서 떠올렸던 오늘날의 자화상이기도 하다.

　시작은 일본이었다. 2012년 집권한 아베 신조는 그간 참담했던 일본 경제를 단번에 일으키려 했고, 그 의지를 높이 사는 이들은 이를 '아베노믹스'라고 부르기 시작했다. 과감한 재정통화정책을 외쳤다. 하지만 그의 잰 발걸음은 일본 중앙은행이 아니라 대기업들로 향했다. 토요타와 히타치를 찾았다. 대기업 총수들을 만나서 예전처럼 '군기잡기'를 하려 한 것이 아니었다. 아베 총리는 그들의 손을 꼭 쥐며 임금을 좀 올려달라고 부탁했다. 골프장도 같이 찾아 우애를 다졌다.

　아베 총리가 모양이 다소 빠지는 일도 마다하지 않은 데는 이유가 있다. 다급했다. 경제 불황이 길어지면서 임금이 쑥쑥 오르길 바랄 수 없는 일이지만, 생산성이 오르고 경제가 회복하는 기운이 있을 때조차 임금은 꼼짝하지 않았다. 월급을 받아 생활하는 일반 서민들의 주머니도 같이 묶이니, 국내 수요도 덩달아 꽁꽁 얼어붙었다. 경기가 좋아지려는 싹이 나타나면 내수 부진으로 싹을 키우질 못했다. 수출에서 숨통이 좀 트여 기업의 자금 사정에 여력이 생길 때조차 임금은 좀체 오르지 않았다. 그렇다고 최근 유명무실해진 노조에 기대기도 힘들었다. 서민들의 불만이 많아지고 경제정책 당국의 처지도 답답하긴 마찬가지였다. 임금은 올려야 할 판인데 마땅한 방법이 없었다. 기업의 멱살을 잡고 윽박지를 일도 아니었다. 그래서 나온 궁여지책이 총리의 방문과 '읍소'였다.

　아베노믹스라는 거창한 이름까지 붙여주며 아베 총리의 경제정책에 관심을 표했던 유럽과 미국의 언론은 싸늘했다. 미국 경제지 월스트리

　　　　　　　　　우리는 조금 불편해져야 한다

트 저널은 아베 총리가 '구걸 행각'을 한다며 한탄했다. 일본의 지지부진한 임금 성장은 노동생산성이 낮기 때문이라고 단언했다. 생산성을 높일 구조개혁에 집중해야 한다는 조언까지 아끼지 않았다. 한마디로 세상 물정도 모르고 저지른 철딱서니 없는 짓이라는 것이다.

하지만 언론이 그렇게 목소리를 높였던 미국에서도 사정은 마찬가지였다. 최상위 소득 그룹의 대약진과 달리 중하층 소득 그룹의 사정은 악화 일로였다. 미국의 자랑이던 '튼튼한 중산층'이 날로 야위어갔다. 그 이면에는 임금 정체가 있었다. 특히 하위 임금층의 경우, 실질 임금이 유지되기는커녕 오히려 감소했다. 경제 위기를 겪으며 불평등 문제가 많이 부각됐지만, 정작 불평등 확대의 짐을 오롯이 고통스럽게 지고 가는 저임금층을 위한 정책 조치가 마땅치 않았다. 조세나 사회보장정책을 통한 소득 지원이 있지만, '추락하는 임금'은 내버려두고 언제까지 '사회적 지원'에만 의존할 수도 없는 노릇이었다. 그렇다고 임금을 올릴 방책도 마땅치 않았다. 한때 융성했던 임금 협상은 이제 오히려 '예외'다. 노동시장에서 노동자의 개별화가 급속도로 진행됐고, 노동자인지 자영업자인지 애매한 계층도 생겨났다. 미국도 일본만큼 답답한 상황이었다.

버락 오바마 미국 대통령은 아베 총리식 호소라는 방법을 택하지 않았다. 골프 회동도 하지 않았다. 그 대신 2000년대 들어 빈사 상태인 연방 최저임금 카드를 끄집어냈다. 마침 그가 취임한 2009년은 공교롭게도 연방 최저임금이 7.25달러로 인상되는 해였다. 민주당이 산전수전 끝에 통과시킨 2007년 법안 덕분이었다. 사실 연방 최저임금은 미국 노동시장의 아픈 상처다. '모두를 위한 번영'을 약속한, 자본주의의 자존심인 미국에서 실질임금은 그 실질가치를 두고 따지면 1970년대 이후 계속 떨어졌다. 최저임금은 상당 기간 동결되거나, 인상될 때조차 그 폭은 미미했다. 최저임금이 7.25달러로 '획기적'으로 올랐지만 그 실질가치는 1950년대 수준에 불과했다. 이런 역사적 맥락에서 보면 최저임금을 더 올릴 여지도 있었다. 그래서 오바마 대통령은 내친김에 10.10달러로 올리자고 했다. 획기적인 주장이었다. 하지만 믿는 사람은 적었다. 민주당과 공화당이 바짝 날을 세우는 의회에서 최저임금 인상안이 통과될 가능성은 낙타가 바늘구멍 사이로 걸어가는 것만큼 희박했다. 게다가 2009년 인상안이 임금 인상 전반에 미치는 영향은 기대에 한참 못 미쳤다. 최저임금은 '최저임금'일 뿐이었다. 실업률 하락 소식은 꾸준히 들려왔으나, 임금 인상 소식은 바람 같은 소문처럼 잠깐씩만 들려왔다.

영국은 그간 팔짱 끼고 이 모든 것을 여유롭게 지켜보았다. 토니 블레어 총리가 이끈 노동당 정부의 핵심 치적으로 꼽히는 최저임금 제도가 꽤 잘 운영됐고, 노동조합도 1980년대에 결정적 타격을 입긴 했으나 그나마 다른 나라보다 사정이 나은 편이었다. 불평등 증대와 빈곤 문제로 논란이 많을 때조차, 임금에 관해서는 경제학의 태두임을 자임하는 나라답게 '시장에 맡겨라'라는 구호만 반복했다. 경제 위기이긴 하지만 실업이 그리 늘지 않았다는 자신감도 있었다. 그러나 시간이 지날수록 상황이 만만치 않았다. 고용시장이 탄탄했다면 의당 임금도 올라가야 할 터인데 임금은 꼼짝하질 않았다. 최저임금을 매년 상향

우리는 조금 불편해져야 한다

조정하는 남다른 노력을 했는데도 말이다. 2014년에는 명목임금이 떨어지는 '엽기적인' 상황까지 벌어졌다. 엎친 데 덮친 격으로 디플레이션의 그림자도 부쩍 가까워졌다. 하지만 역시 딱히 방법이 없었다. 결국 데이비드 캐머런 영국 총리는 한때 영국 언론이 조롱하던 아베 총리의 방식을 따른다. 얼마 전 그는 상공회의소 총회장을 찾아서 주최 쪽을 당혹하게 하는 발언을 했다. "복잡하게 말할 것 없다. 이제 임금을 올려야 할 때다." 골프 회동이 없었다는 점이 그나마 영국의 자존심을 지켜주었다.

다시 대서양을 건너 미국에서는 더 다급해졌다. 오바마 대통령은 새해 들어 의회 연설에서 최저임금을 인상하라고 의회를 다그쳤다. "최저임금이 문제라고 생각하는 분들은 그 돈으로 한번 살아보시라."라는 거친 언사도 불사했다. 다그친다고 의회가 움직일 리는 없겠지만, 그가 의도한 것은 기실 고도의 정치적 캠페인이었다. 이미 시민사회 여기저기서 미국의 저임금 문제를 해결하기 위해 다양한 캠페인을 벌이고 있었다. 대규모 유통점 앞에서 시위하는 일도 잦았다. 시민단체는 현재의 최저임금을 2배 정도 인상해서 15달러로 만들어야 한다고 했다. 정책을 바꿀 힘도 없고 조직적인 노조 세력도 없는 것을 잘 아는 오바마는, 차라리 사회적 압력에 기대어보자는 계산을 세웠겠다. 정치적으로 무책임한 일이지만 그게 가장 현실적이라고 생각했을 것이다.

효과가 있었다. 얼마 전 월마트에서 드디어 시간당 최저임금을 9.5달러로 인상한다고 발표했다. 내년(2016년)에는 오바마의 최저임금 목표에 근접한 10달러로 인상하겠다는 소식도 덧붙였다. 월마트가 미국에서 고용하는 노동자 수는 무려 50만 명이라 하는데, 이것을 근거해서 보자면 10억 달러 정도의 추가적인 인건비 지출이 예상된다. 게다가 상징적 의미도 크다. 월마트는 저임금을 양산하는 대표적 기업이었고, 그동안 초과근로수당 등과 관련해 무수한 고발과 소송에 연루됐다. 시민사회가 월마트를 정조준해온 이유이기도 하다.

영국 일간지 파이낸셜 타임스를 비롯한 언론은 다시 한번 호들갑이다. 일부에서는 하룻밤 사이 일당을 두 배로 올리며 임금 혁명을 주도한 헨리 포드의 임금 정책이 부활했다고도 하고, 다른 쪽에서는 시장 논리에 따르지 않은 정치적 굴복이라고도 한탄한다. 수십 년 동안 얼굴빛 하나 바뀌지 않고 버텨 오던 월마트가 이런 전격적인 결정을 내린 건 분명 '사건'이다. 월마트의 결정에 담긴 복잡다단한 속내를 알 수는 없겠다. 하지만 몇 가지 따져 보자.

우선, 결정은 전격적이지만 파격적이진 않다. 임금 인상으로 추가적인 인건비 지출이 10억 달러에 이르니 입이 떡 벌어질 법도 하지만, 지난해 월마트의 총이윤이 160억 달러다. 총이윤의 10분의 1도 되지 않는다. 적잖은 액수지만 파격이라고 하긴 힘들다. 여기에 포드주의를 갖다대면 포드로서는 억울한 일이다. 게다가 이 정도의 결정이라면 굳이 지금까지 인내하고 기다릴 필요가 없었겠다. 그전에도 충분히 여력이 있었다.

그렇다고 시장 요인을 고려한 '합리적 결정'이라고 하기도 힘들다. 미국 경제가 회복 조짐을 보이며 최근 고용이 늘어난 것은 사실이지만 아직 실업률이 높다. 게다가 고용 증가와 함께 노동시장에 새로이 진출한 인력이 늘어나면서 실업률은 오히려 늘어났다. 직원 채용이 어려워질 것 같아서 선수를 쳤다는 주장도 그다지 근거가 없다. 임금 인상을 통해 직원들의 잦은 이직을 막아서 전반적인 생산성에 기여하려는 정책의 일환이라는 주장도 있다. 이론적으로 가능하고 실제 그런 기업이 많지만, 저임금 노동자의 끊임없는 채용을 근간으로 해왔던 월마트는 이런 가능성에서 가장 멀리 있는 기업 중 하나다.

또한 월마트가 '임금 인상 시대'를 열어젖힌 개척자도 아니다. 깃발은 이미 다른 기업들이 올렸다. 지난해 이미 의류 유통업체 갭GAP, 가구업체 이케아Ikea, 그리고 의료보험회사 애트나Aetna는 두 자릿수 임금 인상을 선언했다. 지난해 말에는 '별다방' 스타벅스도 그 대열에 참여했다. 특히 갭의 임금 인상은 오바마 대통령이 환영의 뜻을 표할 만큼 관심의 대상이었다. 또 전격적이고 혁신적인 기업으로 치자면 월마트가 아니라 애트나다. 애트나는 임금 인상과 복지 혜택을 파격적으로 늘렸다. 최고경영자CEO 마크 베르톨리니는 "이건 임금 문제가 아니다. 사회적 협약의 문제다. 민간 기업이 나서서 혁신적 결정을 내려야 한다."고 말했다. 그리고 모든 경영진에게 700쪽에 달하는 피케티의 책을 읽도록 했다. 이렇게 분위기가 달아오를 때, 월마트에 임금 인상 계획에 대해 물었다. 단호한 대답이 돌아왔다. "우리는 임금을 시장에 따라 결정한다." 딱 1년 전의 인터뷰다. 1년 만에 월마트가 급선회한 것이다.

오늘날 경제는 월급 올리자고 나선 함체에서 길 잃은 배와 같다. 그동안 임금 '협상'이니 인상이니 하는 일을 쓸데없고 번잡하며 돈 드는

일이라고만 여겼다. '시장의 신'이 노하지 않게 한다는 전설 같은 명분
도 있었다. 임금 인상을 부추길 만한 수단들을 과감히 버렸다. 길잡이
도 그렇게 버렸다. 그러다 보니 '경제'라는 큰 배를 노 저어가려면 사
공들의 뱃심이 필요한데, 사공들은 배곯기만 하고 좀체 속도를 내지
못했다. 더군다나 경제라는 바다는 불황이라는 격랑 속이다. 길잡이
는 없고 임금 인상의 물길은 좀체 환하게 열리지 않는다. 소리만 무성
하다. 그래도 시끄럽게 소리라도 내야 좌충우돌하며 길을 찾아갈 것이
다. 그 소리를 모아 내는 길잡이도 그런 소란 속에서 새로이 나오겠다.
그래서 이 모든 소란을 환영한다.

우리는 조금 불편해져야 한다

최고소득제를
상상하다

역사를 모르는 자는 과거를 반복한다고 했다. 18세기 보수주의사 에드먼드 버크Edmund Burke가 한 말이라 한다. 지극히 당연해 보이는 말인데, 또 어찌 보면 한참 틀렸다 싶다. 과거가 어떠했든, 또 그걸 알든 모르든 간에 과거는 반복된다고 해야 했다. 요즘 경제 사정이나 세상일을 보며 답답해질 때마다 문득 떠오르곤 하는 생각이다.

미국의 루즈벨트 대통령은 뉴딜New Deal의 기치 아래 전례 없는 토목공사만으로 대공황을 극복한 것은 아니다. 노동자의 삶을 개선할 수 있는 대대적인 정책 조치도 취했다. 1937년 미국 역사상 처음으로 노동시간 규제, 아동노동 철폐, 노조 결성권 등을 도입했다. 최저임금을 도입한 이도 루즈벨트다. 오스트레일리아와 뉴질랜드에서 처음 최저임금이 도입된 지 50여 년이 된 때였으니, 미국은 '지각생' 신세였다. 하지만 덕분에 미국 노동시장은 오랜 방임주의 '방황'을 끝내고 명실상부한 노동법의 기본 골격이 갖추어져서 제법 모범생다운 면모를 보이기 시작했다.

하지만 루즈벨트는 이것만으로 부족하다고 생각했다. 최저임금으로 소득 최저선을 구성하는 것은 당연지사고, 아랫선이 그려졌으니 윗선도 그려야 한다고 믿었다. 그는 역사적으로 최악에 달한 소득 불평등을 염려했다. 그래서 제2차 세계대전이 한창 고조돼 가던 1942년, 루즈벨트는 '소득상한제'를 도입하려 한다. 당시 소득 2만 5,000달러(현재 가치로는 약 100만 달러)를 소득 상한선으로 설정하고 그 이상의 소득분은 100% 과세하겠다고 선언했다. 물론 불평등 해소를 전면에 내세우지는 않았다. 당시 더 정치적으로 설득력이 있었던 '전쟁에 대한 기여'와 '국가에 대한 봉사'를 주요 이유로 삼았다. 모든 자원을 동원해 전쟁을 하고 있는 국가 총력전에서 고액 소득자가 마땅히 더 기여해야 한다고 했다.

국민의 반응은 긍정적이었으나 의회에서는 난리가 났다. 전쟁터를 방불케 하는 살벌한 논쟁이 의회에서 벌어졌고 사실상 루즈벨트의 원안은 거부됐다. 다행히 국민적 지지가 높고 소득 불평등 해소의 필요성에 대한 공감대도 정치권에 제법 형성돼 있었기 때문에 의회는 공방 끝에 88% 최고세율이라는 타협안을 냈다. 제2차 세계대전이 끝날 무렵, 천신만고 끝에 이 법안은 통과된다. 루즈벨트가 생각했던 엄격한

우리는 조금 불편해져야 한다

의미의 최고소득제(소득상한제)는 아니지만 20만 달러는 '실질적' 소득 상한이 되었다. 이때부터 미국의 소득분배도 개선되기 시작한다.

하지만 다시 한번 과거는 반복된다. 소득분배 개선이 눈에 띌 정도로 뚜렷해지고 경제도 제법 성장하게 되니 정책적 긴장이 자연스레 떨어졌다. 상황이 좋아졌으니, 부자를 야박하게 대할 필요가 없다는 주장이 서서히 고개를 들었다. 본격적인 로비도 생겨났다. 그 결과 90%에 육박했던 최고세율은 1960년대 후반 들어 70% 수준으로 떨어졌다. 세금 삭감을 공언한 레이거노믹스의 1980년대부터 최고세율은 30~40% 수준으로 반토막이 난다. 그리하여 세계 대공황 직전인 1920년대 수준의 세율로 돌아갔다. 소득분배는 급속도로 악화돼, 급기야 최상위 소득 1% 집단이 차지하는 소득 비율도 1920년대 말 대공황 직전의 수준으로 치솟았다. 역사는 다시 반복돼 경기대침체Great Recession라는 세계 경제 위기가 뒤따랐다.

이렇게 보면 세계 경제는 크게 한 바퀴 놀아와 원점에 서 있는 듯하다. 미국은 뉴딜 시대처럼 최저임금 문제로 시끌벅적한데, 버락 오바마 행정부의 입장은 루즈벨트처럼 완강하다. 행여 과거가 다시 반복된다면, 이제 임금·소득 상한제를 다시 불러내야 할 때일까?

임금 상한제를 불러내는 아주 단순한 논리에서 시작해 보는 게 좋겠다. 최저임금이 있는데 '최고임금'도 있어야 하지 않느냐는 다소 즉자적인 주장이다. 최저임금의 반대말은 최고임금이니, 임금 상한제에 대해서만 눈에 쌍심지를 켜고 비아냥거릴 필요가 없다는 것이다. 사실 최저임금 논란은 계속되고 있지만 그 인기는 높아지고 있다. 전 세계적으로 최저임금을 통한 소득 최저선 구축 노력은 꽤 일반적이고 강화되는 추세다. 이렇게 바닥은 그럭저럭 잘 다지고 있으니, 제대로 된 집이 나오려면 지붕도 손봐야 한다는 얘기가 나올 법도 하다.

게다가 최상층의 연봉이 과도하다는 여론이 비등하다. 특히 CEO를 비롯한 대기업의 임원과 금융권 직원들이 여론의 도마 위에 올라 있다. 얼마 전 발표된 영국의 통계에 따르면, 지난 30년 동안 영국의 평균 연봉은 4배 정도 늘어났지만, 100대 상장기업의 CEO 연봉은 40배 정도 치솟았다. 그 결과 1980년에는 CEO 연봉이 평균 연봉의 18배였는데, 지금은 160배를 간단히 넘는다. 미국에선 연봉 격차가 더 큰 것으로 알려졌다. 최저임금으로 저임금 노동자의 살림살이를 조금 개선한다고 하더라도 이 엄청난 연봉 격차를 줄이기는 난망하다. 과도한 고액 연봉을 규제하지 않는 한 소득 격차 축소는 불가능하다는 주장이 나오는 이유다. 정치권에서도 그리 낯선 얘기는 아니다. 미국의 녹색당 후보였던 젤로 비아프라Jello Biafra는 '최고임금제'를 선거 공약으로 내세운 바 있고, 최근에도 100% 가까운 최고세율을 도입해서 최고 연봉을 규제하자는 주장이 심심치 않게 나온다.

하지만 최저임금과 최고임금은 임금을 '인위적'으로 규제한다는 점에서만 같을 뿐, 그 논리와 방식은 서로 다르다. 최저임금이 광범위하게 수용된다고 해서 최고임금의 정당성이 곧바로 확보되지는 않는다. 최저임금은 노동자에게 먹고살 수 있는 기본 생활을 보장하기 위한 것이다. 저임금 노동자의 경우 힘도 약하고 노조에 의지하기도 힘든데, 이런 협상력 열위를 이용해 기업이 부당하게 낮은 임금을 주는 걸 막자는 취

우리는 조금 불편해져야 한다

지다. 생계 보장과 부당한 착취 방지가 핵심이다. 물론 이런 대전제에서 최저임금을 실제 어느 수준으로 정해야 하느냐가 논란의 대상이다.

최고임금 규제의 논리는 다르다. 우선 도덕적 차원에서, 또는 사회적 통합 차원에서 필요하다는 주장이 있다. 핵심적이지만 충분하지는 않다. 경제적 논거가 필요하다. 그간 경제학계에서는 연봉 격차 확대의 경제적 효율성을 입증하려는 이론적·실증적 연구가 쏟아져 나왔다. '연봉 몰아주기'가 기업의 수익성과 생산성을 높인다는 주장도 많았다. 이런 연구는 본의 아니게 고액 연봉에 날개를 달아 줬다. 따라서 날개를 떼어 주는 작업이 필요하다.

최근 회의론의 목소리가 높다. 능력 있고 부지런한 직원에게 특급 대우를 해줌으로써 해당 직원의 사기를 진작하고 다른 직원들에게 자극을 주니 '연봉 몰아주기'가 기업의 성과를 개선한다는 주장은 과히 틀린 얘기는 아니다. 하지만 정도의 문제다. 어느 수준을 넘어서면 이런 생산성 효과는 없어지기 마련이다. 역으로 자포자기하는 직원이 생겨나고, 살벌한 경쟁 분위기로 생산성이 저해될 수도 있다. 그 경쟁이라는 것조차 기업의 전체 이익이 아니라 개인의 '승리'를 위한 방식으로 조직될 위험도 높다. 단기적 성과에 몰두하는 단기주의가 팽배할 수 있다.

급기야 최상층부에 있는 임원이나 경영진은 승자에게 주어진 힘을 십분 이용해 자신에게 더 유리한 방식으로 분배하게 된다. 하급 직원에게는 쥐꼬리만큼 주면서도 '열심히 하면 나와 같은 사람이 될 수 있다.'는 말로 승산 없는 희망을 준다. 그렇게 해서 절약된 인건비는 보너스나 성과급이라는 명목으로 자신을 비롯한 최상층의 주머니로 들어간다. 중·하층 직원이나 일부 주주에게 불만이 있을 수 있지만, 기업에서 그들은 무소불위의 권력을 가지고 있다. 기업의 대주주와 기업 내 '상위 1%'의 은밀한 연합 덕분이다. 미국 경제정책연구소Economic Policy Institute의 로런스 미셸Lawrence Mishel은 이런 현상을 기업 내에서의 '지대 이전Rent Shifting'이라 부르고, 기업 비효율성의 주요한 이유로 지목한다. 물론 기업에만 한정된 얘기는 아니다. 이런 현상이 국가 단위로 확대된 것이 상위 1%에 의한 정부 '포획'이다. 조지프 스티글리츠와 폴 크루그먼이 열정적으로 문제 삼고 있는 현상이다. 불평등에 대한 시민적 불만은 비등하지만 정책은 좀체 변하지 않는 이유이기도 하다.

따라서 임금 상한제가 오히려 경제적 효율성을 높일 가능성은 있다. 그렇다면 현실적일까? 물론 흔하지는 않지만 최고 연봉을 규제하는 예가 더러 있다. 미국 프로농구 선수들의 연봉 체계는 최저임금과 최고임금을 명시하고 있다. 지금 현재 그 비율이 1 대 20 정도 된다고 한다. 이렇게 연봉을 규제한다고 해서 최고의 농구선수들이 경기를 건성으로 한다는 불만은 들리지 않는다. 연봉 상한제 때문에 미국 프로농구의 수준이 떨어지지는 않았다. 프로농구도 일종의 기업인 만큼, 이런 상한제가 다른 기업에 적용되지 말라는 법도 없겠다.

흥미로운 주장도 있다. 경제학 교과서의 저자로 널리 알려진 폴 새뮤얼슨은 임금 결정에 관한 한 시장주의를 믿었지만, 변호사들의 연봉 최고액을 규제해야 한다고 주장했다. 고액 연봉만 추구하다 보면 변호사들이 법률의 엄격하고 공정한 적용이라는 본업이 아니라 본인의 수

우리는 조금 불편해져야 한다

입 확대만 추구하게 되어 '법률시장'이 비정상적으로 작동하게 되기 때문이다. 이런 일은 지금 일반 기업, 특히 금융부문에서 흔히 발견되는 현상이다.

　근거도 있고 현실성도 있다고 하면, 이제 남는 문제는 규제 방식이다. 어떻게 임금 상한제를 도입할 것인가? 다양한 가능성이 열려 있다. 가장 느슨한 방식은 최고 연봉을 직접 결정하기보다는 그 절차를 강화하는 것이다. 주주총회나 이사회에 실질적으로 임원들의 연봉을 결정할 수 있는 권한을 주는 방식이나, 금융부문의 보너스 결정 방식을 더 분명하고 엄격하게 하는 방식 등을 생각해 볼 수 있다. 이미 미국이나 유럽에서는 임원 연봉과 보너스에 대한 주주총회의 권한을 강화하고 있으며, 최근 스위스에서는 주민투표를 통해 주주총회에 사실상 결정권을 부여했다. 그러나 이런 방식의 임금 규제 효과는 그리 크지 않다는 분석이 일반적이다. 물론 없는 것보다는 낫겠지만.

　더 직접적인 방식은 최고 연봉의 상한을 도입하는 것이다. 역시 방법은 여러 가지다. 우선 절대적 방식이다. 루즈벨트의 방식대로 최고 상한을 특정 액수로 정할 수 있겠다. 그러나 그 액수를 주기적으로 조정해야 하는 절차상의 부담뿐만 아니라, 액수 자체의 자의성 논란에서 벗어나기 어렵다.

　그렇다면 상대적 방식을 생각해 볼 수도 있다. 기준 임금을 정한 다음 이것의 몇 배를 최고임금으로 정하는 방법이다. 기준 임금을 정하는 방식도 여러 가지다. 평균 임금을 기준 삼아 이것의 몇 배를 최고 임금으로 정할 수도 있고, 최저임금을 기준으로 할 수도 있다. 세계적으로 주목받았던 스위스의 이른바 '1:12'에 대한 국민 제안은 기업 내 최고임금을 최저임금의 12배 이내로 제한하려고 했다. 최근 들어서는 법정 최저임금과의 연계를 주장하는 목소리가 높다. 가령 법정 최저임금의 20배를 최고임금으로 정하자는 것이다. 이렇게 되면 최고임금을 매번 조정해야 할 수고를 피할 수 있다. 게다가 고연봉 소득자도 자신의 소득이 최저임금의 운명에 달려 있게 돼, 최저임금 인상에 대한 사회·정치적 지지가 더 높아진다는 장점도 있다. 좋게 보면 '운명공동체' 작전, 나쁘게 보면 '물귀신' 작전이다.

최고임금 결정 방식이 정해지면 규제 방식도 구체적으로 따져 봐야 한다. 루즈벨트가 생각했던 방식은 100% 과세다. 영미권에서는 이런 방식에 대한 선호도가 높고, 최근 유럽에서도 관심이 높아지고 있다. 아예 상한액을 넘는 액수를 법적으로 금지하는 직접적 방식도 있다. 어느 경우이든 결과상의 차이는 미미할 것으로 보이지만, 각국이 처한 정치·문화적 상황에 따라 미묘한 문제가 될 수 있다. 노동소득만 규제할지, 이참에 자본소득까지 포괄할 것인지도 꼼꼼히 따져볼 문제다.

임금상한제, 또는 더 넓게, 소득상한제에 대한 관심은 앞으로도 커지고 논란도 계속될 것으로 보인다. 최저임금과 같이 튼튼하고 듬직한 마룻바닥을 솜씨 좋게 만들어 두었더라도, 지붕에서 빗물이 샌다면 아무 소용이 없기 때문이다. 하지만 지붕이 부실하다고 하여 바닥도 구멍 투성이로 내버려 둬서는 안 된다. 버크는 이런 말도 했다. "조그마한 일이라고 해서 아예 아무것도 하지 않는 사람만큼 어리석은 자는 없다." 이 말에는 토를 달지 않으려다.

우리는 조금 불편해져야 한다

노동시간의 유토피아와
'불편한 진실'

　　경제가 성장하고 소득이 늘어나면 노동시간이 줄어들 것이라는 예측을 하곤 한다. 장시간 노동으로 노동자 건강에 대한 걱정이 높아지는 개발도상국에서 특히 그렇다. 멀리 갈 것도 없이 중국을 보면 된다. 먹고살 만해야 한숨 돌리고 주위도 돌아보고 여유 있는 생활을 하게 되지, 하루하루 벌어 사는 것조차 빠듯한데 일하는 시간을 줄인다는 것은 가당치 않은 일이라는 얘기다. 경제적 예측이라고 거창하게 부르자니 너무 상식적이라 열없기도 하다. 경제학에서는 이를 소득효과와 대체효과라는 용어를 가지고 보다 엄밀히 따지기도 하지만, 결론이 별다를 것도 없으니 여기서 굳이 설명할 이유도 없겠다.

노동은 자아실현이자 자기 성취를 위한 중요한 수단이라고들 하긴 하지만, 직장에서 일반 노동자들이 느끼는 노동은 그 반대로 자기 파괴이자 자기 비하인 경우가 허다하다. 원론과 현실 사이의 차이라고 치부하기에는 그 차이가 지나칠 때도 많다. 게다가 본인의 일이 마음에 들지 않는다고 해서 무작정 사직서 한 통 남겨 놓고 홀연히 떠나는 게 쉽지 않다. 당장 사는 데 닥칠 어려움도 그러하고, 주위에서 보는 눈길도 걱정스럽기 마련이다. 제 딴에는 '용기를 낸' 일생의 결단이었으나, 남들은 '객기'라 한다. 이래저래 노동을 '강제'하는 사회에 살고 있는 셈이다. 그래서 경제학에서 노동은 '비효용disutility'이라는 다소 해괴한 용어를 사용한다. 노동은 회피 대상이다. 가능하다면 말이다.

해지기 전에 퇴근해서 저녁에 지는 노을을 느지막이 즐기며 가족들과 식사를 함께 하는 여유는 인류가 오래전부터 꿈꾸어 온 것이다. 이런 꿈을 서로서로 격려하고 강제하기 위해서 국제노동협약의 맨 처음으로 만든 것이 하루 8시간, 주 48시간 노동협약이다. 협약 채택 연도가 1919년이니, 벌써 약 90년 전의 일이다. 그 당시 유럽 국가들과 미국, 일본이 모여서 이 국제 협약을 만들면서 한 토론을 보면, 각국 대표들이 노동시간의 미래에 대해서 대단히 낙관적이었음을 알 수 있다. 제1차 세계대전의 후유증을 극복하는 대로 곧 전 인류가 8시간 노동을 하게 될 것으로 보았다. 당시 러시아에서는 공산주의 혁명이 일어나고 이미 8시간 노동을 공언하고 나섰다. 노동시간의 미래만 두고 본다면 '희망의 세기'였다. 자본주의 역사를 보면, 위기가 닥칠 때마다 '오늘보다 나은 미래' 또는 '희망찬 미래'에 대한 열기가 높아지는데,

우리는 조금 불편해져야 한다

이 미래 찬가의 첫머리는 노동시간 단축으로 장식된다. 지금 허리띠 졸라매고 열심히 일하면 나중에 편해진다는 얘기일 텐데, 강조점이 어디에 있는지 가끔 애매할 때가 많다. '허리띠 졸라매기'를 위해 '여유로운 노동 생활'이 곁다리 역할하는 경우도 적지 않다.

노동시간에 대한 낙관으로 치자면, 케인즈를 뺄 수 없다. 그는 1930년에 전 세계가 경기불황으로 비통해 있을 때 희망의 메시지를 주고자 『우리 손자 세대의 경제적 가능성Economic possibilities for our grandchildren』이라는 소책자를 쓴 적이 있다. 이 소책자에서는 어느 여성 노동자가 스스로 지은 묘비명이 소개되어 있다. "친구들아 나 때문에 슬퍼하지 말라. 결코 울지도 말라. 나는 이제부터 아무것도 하지 않아도 된다네." 죽어서 이제 노동의 '사슬'에서 벗어나니 내 죽음을 슬퍼하지 말라는 뜻이다. 망자의 뜻과는 달리 슬퍼하지 않을 수 있는 이 묘비명을 환기시키면서, 케인즈는 그의 손자 세대쯤 되면 일하는 시간이 대폭 줄어들어서 주당 15시간 정도만 일해도 될 것으로 보았다. 그가 이 소책자를 1930년대에 썼으니, 그가 말한 손자 세대는 현재 세대쯤 된다. 물론 이 예측이 빗나가도 한참 빗나갔다. 그의 조국 영국의 노동시간은 지금 현재 유럽 내에서도 최상위 수준으로, 주 48시간 이상을 일하는 장시간 노동자 비율도 15% 정도로 아주 높은 편이다. 게다가 현재 15시간 미만으로 일하는 노동자들은 대다수가 일거리가 없어 생존책으로 단시간 노동을 하는 '한계화된 파트타임 노동자marginal part-time workers'이다. 주 15시간 노동은 자긍의 대상이 아니라 극복 대상인 셈이다. 역사는 케인즈에게 가혹했다.

케인즈가 예측에서 크게 실패했다 하더라도, 왜 그가 이러한 노동시간 단축이 자식 대에는 가능하지 않고 손자 대에서나 가능하다고 했을까. 그는 우리들 마음속에 깊이 자리한 물질적 탐욕을 지적했다. 경제적인 문제에 골몰해 있어서 경제적 여유가 생겨도 여전히 일 중심의 생활에서 벗어나지 못하고 게다가 여가를 어떻게 써야 할지도 모른다는 것이다. 케인즈가 당시 급부상한 중산 부르조아 계층을 보고 내린 '우울하기 짝이 없는' 결론이었다. 우리들 마음속에 깊이 자리한, 결코 마르지 않을 것 같은 물질적 욕구('화폐 욕구')를 그는 '오래된 아담the Old Adam'이라 불렀다. 바로 이걸 제거하는 데 시간이 걸린다는 얘기다. 일단 물질적으로 풍요해져서 이 욕구를 만족시켜야 하는데, 케인즈 자식 세대까지는 이 일이 끝나리라고 생각지 않았다. 손자 세대에는 그 성취를 바랄 수 있다는 것이다. 그는 다소 도취된 듯이 말한다. 언젠가 때가 오면,

인간 심성의 가장 혐오스러운 부분들을 최고의 덕으로 칭송하면서 우리를 200년 동안(자본주의가 존재한 기간 - 글쓴이) 괴롭혀 온 도덕률을 없앨 수 있을 것이다. 드디어 화폐 욕구의 진정한 가치를 평가하게 될 것이다. 그리하여 삶을 유지하고 향유하는 수단 이상으로 화폐를 사랑하여 소유 대상으로 삼는 것이, 범죄적이고 정신병적 성향을 지닌 역겨운 병으로 정신병 전문가가 다루어야 할 대상으로 인식될 것이다. 부의 배분과 경제적 상벌에 영향을 미쳐 온 온갖 사회적 관습과 경제적 관행들, 이것들이 아무리 혐오스럽고 불공정하다 하더라고 단지 자본

우리는 조금 불편해져야 한다

축적을 촉진하는 데 대단히 유용하기 때문에 온갖 비용을 치르고도 유지해 왔지만, 마침내 이것들을 주저 없이 폐기해 버릴 것이다.

케인즈의 이러한 믿음은 여러모로 흥미롭다. 물론 케인즈는 인간의 무한정한 화폐 욕구를 경제적 풍요를 달성하는 데 필요한 일시적 수단으로 생각했지만, 만일 화폐 욕구의 '일시성'에 대한 그의 생각이 틀렸다면? 화폐 욕구가 200년이 아니라 태초에 아담이 사과를 욕망한 것과 같은 시기로 거슬러 올라간다면 어떻게 되는가? 복잡하게 생각할 것 없이 그의 노동시간 단축에 대한 즐거운 예측도 틀렸다는 얘기가 된다. 역설적으로 케인즈의 희망에 가득찬 우리 세대에 관한 글을 읽으면서, 노동시간 단축이 참으로 어렵겠다는 비관적 생각이 드는 것은 이 때문이다. 물론 그가 옳기를 바라는 마음이지만 말이다.

많은 이에게 몽상가로 알려져 있을, 『유토피아Utopia』의 저자 토마스 모어Thomas More는 이미 500년 전에 케인즈적 방식으로는 노동시간 단축이 되기 힘들 것으로 본 사람이다. 그는 인간의 욕망이 사유재산 형태로 표현되고 존중되는 한, 인간 사회의 정의를 기대할 수 없다고 못 박았다. 모어에 따르면, 인간은 내가 상대방보다 더 많은 잉여 재산을 가지고 있으면 내가 상대방보다 뛰어나다는 '허영심vanity'이라는 괴상한 관념을 가진 창조물이다. 물론 유토피아는 이런 관념이 발붙이지 못한 사회다. 금과 같은 보석에 대해서도, "유토피아 사람들은 하늘에 저렇게 빛나서 우리 눈을 사로잡는 별들이 저렇게 많음에도 불구하고 조그만한 돌덩어리에서 나오는 희끄레한 빛에 현혹되는지를 이해하지 못한다."

모어는 생산력 증가 또는 물질적 풍요로 인간의 삶이 진정으로 행복해진다는 것은 그저 철없는 순진한 생각 정도로 간주했다. 과학기술의 발전도 그의 비판을 피해나가지 못했다. 예를 들어 인간은 항상 바다를 두려워하여 위험이 거의 없는 여름에만 항해를 했는데, 나침반이 발명되면서 겨울 항해를 두려워하지 않게 되었다. 하지만 나침반이 겨울 바다의 위험을 제거하는 것이 아니라 그 위험이 닥쳤을 때 극복하는 데 도움을 줄 뿐인 것인데, 인간이 나침반에 대해 지나치게 과신하는 바람에 나침반은 오히려 재앙의 근원이 되고 말았다. 나침반 믿고 겨울 항해에 나섰다가 수많은 이들이 목숨을 잃었다.

이런 '부질없는' 욕망이 끊어진 유토피아에서는 하루 6시간 일하게 된다고 한다. 아침에 세 시간, 저녁에 세 시간씩 일하고 나머지 시간은 모두 자기 발전을 위한 몫이다. 모어에 따르면, 마차를 끄는 말처럼 쉴새 없이 계속 일하는 것은 노예일 뿐이다. 물론 유토피아를 제외한 "세상 다른 곳에서는 노동계급의 삶이 여전히 이렇긴 하지만". 이쯤 되면 케인즈처럼 현실 경제의 가혹함을 아는 사람들은 '딱 굶어 죽기 좋겠군.' 하지 싶다. 500년 전에 모어도 이것이 걱정되었는지 이 문제에 대해 장황한 설명을 덧붙였다. 과격하다 할지 모르겠으나, 그렇다고 전혀 터무니 없는 것은 아니니 여기 인용해 보기로 하자.

하루에 6시간만 일한다고 하면 필수품이 필시 부족하리라 생각할 것이다. 하지만 정반대로 6시간이면 충분하다. 편안한 생활에 필요한 모든

우리는 조금 불편해져야 한다

것들을 풍성히 생산하고 남을 시간이다. 왜 그런지 궁금하다면, 다른 나라에서 얼마나 많은 사람들이 완전히 실업 상태에 있는지 생각해 보면 될 것이다. 우선 여성부터 생각해 보라. 인구 전체의 50%에 해당한다. 여성들이 일하는 나라의 경우, 남자들은 빈둥대는 경향이 있다. 성직자들, 이른바 종교계급의 멤버들, 그들은 얼마나 많이 일하는가? 귀족이나 신사 등으로 널리 알려진 부자들, 특히 지주들을 여기에 합쳐 보라. 그리고 그들이 고용하고 있는 사람들도 포함하라. 내가 이미 언급한 무장한 부랑배 같은 무리들 말이다. 마지막으로 신체는 건강하지만 일하기 싫어 아픈 체 하는 거지들도 집어 넣자. 이 모두를 다 계산해 보면, 실제로 인간이 소비하는 것을 생산하는 사람이 얼마나 적은지 놀랄 것이다.

생산성 부족을 탓하지 말고 생산적 활동에 기여하지 않는 사람들을 보라는 얘기다. 개인적으로는, 토마스 모어는 '일자리 나누기work-sharing'를 통한 노동시간 단축을 주장한 최초의 인물이 아닌가 생각한다. 그 '무시무시한' 공산주의 이론을 정초한 칼 마르크스도 유토피아인들과 같이 '필요'에서 해방되어 살기 위해서는 생산력 발전이 전제되어야 한다고 하지 않았던가. 따라서 토마스 모어 입장에서는, 경제성장이니 물질적 욕구 충족 등과 같은 경제적 요인을 노동시간 단축의 전제로 생각한다면, 번짓수를 잘못 찾아도 한참 잘못 찾은 것이다. '번영한 미래'에 기약 없는 기대 걸지 않고, 지금도 할 수 있는 일이다. 불행히도 유토피아는 '없는 곳no place 또는 nowhere'을 의미한다. 애당초

주소도 번지수도 없는 곳이다. "어느 누구도 소유하지 않아서 만인이 부자Nobody owns anything but everyone is rich'인 유토피아를, 토마스 모어가 런던 타워에서 처형 당하는 순간까지 믿었는지는 아무도 알지 못한다. 500년이 지난 지금에도, 하루 6시간 노동을 표준으로 삼는 나라는 없다. 일감이 줄어서 잠시 '유토피아식'으로 불편하게 일할 때는 빼고 말이다. 하지만 그의 아이디어를 공상이라고 치부할 수 있을지는 독자가 판단해 볼 일이다. 개인적으로 토마스 모어의 유토피아가 자본주의 역사 내내 '불편한 진실'로 남아 있다고 믿는 편이다.

우리는 조금 불편해져야 한다

노동하는 나
소비하는 나

다큐멘터리에 자주 등장하는 아프리카의 외진 마을에 사는 부족들을 보고 있으면, 그곳에서는 시간이 멈추어져 있다는 착각을 하게 된다. 해가 뜨면 일어나서 일하고 해가 지면 쉰다. 자연이 시간을 지배한다. 시분초 단위로 섬세하게 나누어져 째각거리는 시계는 그들에게 거추장스러운 장식품이다.

하버드 대학교의 경제사학자인 데이비드 랜드스David Landes는 시계에 의한 시간 통제를 통해서 비로소 오늘날의 현대 문명이 생겨났다고 보기도 한다. 실상 시계가 없었다면 산업화는 어려웠을 것이다. 많은 노동자들이 정확한 시간에 출근해서 같이 일해야 하는 대규모 공장은 시계가 없었다면 불가능했을 것이다. 영국의 경제사학자인 톰슨E.

P. Thompson에 따르면, 산업화 초기에는 '자연적' 시계에 의존해서 살던 '촌뜨기' 노동자들이 '인위적' 시계에 따라 움직이는 공장제도에 적응하지 못해 공장 가동이 순조롭지 못했다고 한다. 노동자들이 새로운 시간 체계에 적응하게 하기 위해 고용주들은 당근과 채찍을 동원했다. 인위적 시간에 적응해야 하는 자연인의 고통이 곧 초기 자본주의의 역사였다. 톰슨은 이를 두고 시간규율time discipline이라 정의했다. 일하고 쉬고 자는 시간을 자연의 리듬에 따르기보다는, 시계에 따라 정하는 현대인의 생활은 이렇게 시작되었다. 그 이후, 인류는 인위적 시간을 둘러싸고 오랫동안 싸우고 있다.

물론 인위적인 시계가 만들어지기 전에도, 권력은 늘 시간에 대한 지배에서 나왔다고 할 수 있다. 『노동의 종언The End of Work』이라는 책으로 유명한 제레미 리프킨Jeremy Rifkin은 시간과 권력의 상관관계를 날카롭게 관찰한 적이 있다.

모든 문화에서 정치적 폭압tyranny은 다른 사람의 시간을 평가절하하면서 시작된다. 실제로 인간에 대한 착취는 피라미드를 짓는 때와 같은 시간 문화에서만 가능하다. 이런 시기에는 어떤 이의 시간은 더 소중하고 다른 이의 시간은 소모해도 그만이라는 명제에 입각해서 항상 통치가 이루어진다.

이와 같은 시간을 둘러싼 권력 관계가 자본주의적 시장경제에서는 이윤 추구라는 목표와 결합되어 포괄적이고 정치하게 작동했다. 특히

우리는 조금 불편해져야 한다

시장경제가 심화되고 이른바 국경도 없다는 세계화가 진행되면서, 시간을 둘러싼 갈등 양상은 그 폭이 넓어지고 더 복잡해졌다. 제조업체는 생산 효율성을 위해 공장 가동시간을 늘릴 방법을 고민하기 마련이고, 그 방법이란 것이 잔업 내지는 연속교대제 확대에 불과한 때도 많다. 막상 일을 해야 할 노동자 입장에서는 환영할 일은 아니다. 게다가 주위 눈도 있고 사회적 압력도 만만치 않으니, 기업들은 이런 눈치 덜 봐도 될 나라들을 찾기 시작했다. 먹고살기 팍팍한 나라들이 그 대상이었다. 물건 값은 떨어지니 소비자로서야 그저 좋은 일이지만, 이게 다른 나라 노동자들의 장시간 노동 덕분이라는 게 꺼림칙해서 마음에 걸리는 이들도 많았다. 개발도상국의 다국적 기업을 감시하는 소비자운동도 그렇게 시작됐다. '소비자로서의 나'와 '노동자로서의 나'가 이렇게 전 세계적 차원에서 분리되어 나간 것을 막아보려는 노력이다.

'소비자로서의 나'와 '노동자로서의 나'가 보다 분명하게 부딪히는 곳은 서비스 산업이다. 언제든지 필요하면 물건도 사고, 음식도 먹고 하는 소비자의 욕구야 자연스럽다고까지 할 수 있겠다. 그러나 이 욕구를 만족시키려면 누군가가 항상 필요한 서비스를 제공해야 한다. 소비자인 나의 욕구를 만족시키려면, 그에 맞춰 일하는 노동자가 필요하다. 친구 만나 느지막이 술 한잔 마시고 귀가하는 이른 새벽에 컵라면 하나 먹고 싶다면, 그 시간까지 가게 문을 열어 두고 눈을 비벼가며 일하는 사람이 있어야 한다. 컵라면을 먹고 싶은 것이 소비자의 권리라면, 자야 할 때 자는 것은 노동자의 권리다.

컵라면이야 안 먹어도 그만일 것이다. 하지만 이런 경우는 어떤가? 늘 야근에 시달리는 한 여성 노동자는 장 볼 시간을 찾기 어렵다. 남편도 야근에 회식에 바쁘기는 마찬가지다. 밤 10시쯤에 먹거리를 찾아 나서 보지만, 웬만한 가게는 문을 닫았다. 다행히도 최근에는 대형 마트들이 24시간 영업을 시작해서, 걱정 없이 늦은 시간에 쇼핑을 한다. 소비자 권리가 확장된 것이다. 한편, 졸지에 영업시간이 늘어나면서 마트 노동자는 야간 노동도 해야 하고 잔업도 늘었다. 앉아 있으면 볼썽 사납다고 쉴 의자도 하나 내주지 않는 비정함 때문에, 일하는 게 더 고달프다. 그렇다고 불평할 수도 없다. 싫으면 다른 사람을 파트타임으로도 알아보겠다는 마트 지배인의 으름장을 듣고, 불평할 엄두도 내지 못한다. 이른바 24시간 사회에서는, 이렇게 '소비하는 나'가 '노동하는 나'를 이긴다.

스위스에서 있었던 일이다. 고속도로를 밤새 달리다 주유판에 빨간 불이 들어오면, 온 신경이 곤두서기 마련이다. 24시간 영업하는 주유소가 그 순간만은 메시아이자 구원이다. 이런 일은 늘상 있기 마련이니 24시간 영업하는 주유소가 꼭 필요하다. 그런데 기왕에 주유소가 항상 문을 열어두고 있다면, 주유소에 있는 매점도 열어두는 것은 어떤가? 기름도 넣고 샌드위치에 커피 한 잔 할 수 있다면 차도 운전자도 모두 원기를 회복할 것 아닌가? 물론 스위스는 법적으로 '필수적인 서비스'인 경우를 제외하고는 새벽 1시부터 5시까지 야간 영업을 금하고 있다. 하지만 취리히에 있는 주유소들은 주유소가 문을 연 마당에 매점을 여는 것이 당연하다고 판단하고 영업을 강행했다.

우리는 조금 불편해져야 한다

노동조합이나 시민단체는 강하게 반발했다. 이유는 간단했다. 밤에 주유소에서 샌드위치와 커피 생각이야 간절하겠지만 누가 그 시간에 커피를 만들 것인가? 저임금에 파트타임 같은 비정규직만 양산할 것이고, 야간 노동의 폐해는 또 어떡할 것인가? 야간 노동이 노동자 건강에 해롭다는 의학 증거도 동원되었다. 한마디로 노동자 보호를 위해서는 매점 24시간 영업을 금지해야 한다는 주장이었다.

　찬성하는 쪽은 노동자보다는 소비자에 초점을 맞추었다. 소비자의 선택 자유를 보장해야 한다는 것. 소비자가 새벽에 샌드위치를 원해서 만들어서 팔았는데 무엇이 문제냐는 것이다. 샌드위치를 원하는 사람이 없으면 자연히 매점이 사라질 것이라는 시장 논리였던 셈. 24시간 영업의 합법화를 주도한 저명한 정치인은 이렇게 주장했다. "24시간 영업은 소비자의 진정한 수요에 응하고자 하는 것이다. 그리고 시장경제에서는 필요한지 아닌지를 정하는 게 수요와 공급의 법칙이 아닌가. 필요한 것을 언제든지 살 수 있는 것은 시민의 권리다."

　이와 관련된 법적 논쟁이 계속되다가 2009년에 연방법원에서 최종적으로 매점 24시간 영업은 불법이라고 판결내렸다. 판결의 근거는 간단했다. 매점에서 파는 샌드위치와 커피는 생사를 가르는 '필수 서비스'가 아니라는 판단이었다. 기름이 없으면 차가 못 움직이지만, 샌드위치 안 먹었다고 운전을 못하는 것은 아니라는 것.

　하지만 24시간 사회를 향한 '꿈'은 계속되고 있다. 연방법원 판결 후 일년이 지난 2010년에 제네바에서 흥미로운 투표가 있었다. 일년 내내 주민투표를 해서, 투표가 마치 진부한 일상이 아닌가 착각이 드는 곳이지만, 이번에는 투표 주제가 시민의 실생활에 직결되어 있었다. 제네바에서는 보통 7시경에 상점이 문을 닫는데, 소비자의 편의를 위해 한 시간 정도 영업시간을 연장하자는 게 주요 안건이었다. 게다가 덤으로 성탄절 전후해서는 일요일에도 영업을 허가하는 것도 보태어졌다. 소비자의 쇼핑권을 강화하자는 얘기다.

결과는 어땠을까? 먼저 간단한 산수를 해보자. 스위스 전체적으로 볼 때, 소매업에 종사하는 사람이 전체 노동자의 10% 정도 된다. 논의의 편의상, 유권자가 다 일을 한다고 가정해 보자. 제네바의 소매업 종사자도 이 전국 평균에 가깝다고 보면, 약 10% 정도는 기본적으로 이 안건에 반대하리라 짐작할 수 있다. 주위 부모와 친지, 친구를 설득할 가능성을 고려해 보면, 많아야 30% 정도의 반대표를 예상할 수 있겠다. 나머지 대다수는 영업시간이 늘어나서 생활이 편안해지니, 최소한 반대할 이유가 없겠다. 소비자의 권리와 노동자의 권리의 대립이라는 각도에서 이해타산을 산술적으로 계산해 보면, 당연히 이 영업시간 연장 안건은 통과될 것으로 예상할 수 있겠다. 하지만 결과는 정반대였다. 찬성은 43.8%, 반대는 56.2%였다. 정치적 산술을 뛰어넘어, '소비하는 나'가 '노동하는 나'와 연대하여 이룬 성취였다.

영업시간 연장론자들이 소비자 권리론과 영업 자유론만으로 버거울 때, 늘 들고 나오는 주장이 있다. 영업시간을 확대하면 고용이 늘어난다는 것이다. 특히 경제가 어려울 때 영업시간 확대론이 많이 나오는 것도 이 때문이다. 얼핏 생각하면 자명한 주장처럼 들린다. 영업시간이 늘어나면, 늘어난 시간만큼 일하는 사람이 늘어나야 하는 것 아닌가? 하지만 문제를 좀 더 들여다 보면 반드시 그런 것은 아니다.

우선 영업시간이 연장되면 매출이 증가하는가? 꼭 그런 것은 아니다. 예를 들어 생필품 총매출액은 소비자들이 생필품 구입에 지출할 수 있는 총예산에 달려 있다. 영업시간이 늘어났다고 해서, 소비자의 주머니가 갑자기 커지는 것이 아닌 다음에야, 총매출이 늘어날 리가 없다. 낮에 쇼핑하는 소비자가 영업시간 확대로 밤에 쇼핑하게 되면, 낮에 쇼핑할 이유는 없는 것 아닌가. 흔히 매출이 증가했다는 착시효과가 생기는 이유는, 매출의 분배가 바뀌기 때문이다. 영업시간 연장은 대부분 대형 유통업체가 주도하는데, 이들이 영업시간을 연장하게 되면 소비자들은 '구멍가게'와 같은 소규모 업체 대신 대규모 마트를 찾게 된다. 대규모 마트의 매출은 늘 것이고, 대신 소규모 업체는 매출이 줄거나 심지어 문을 닫는 경우도 있다. 이른바 대체효과다.

미국에는 '검은 금요일Black Friday'이라는 날이 있다. 1869년 증시가 폭락했던 금요일을 지칭하기도 하지만, 오늘날에는 추수감사절 직후 금요일을 가리킨다. 성탄절 쇼핑이 본격적으로 시작되는 날이기도 하다. 영업시간을 대폭 늘려서 심지어 새벽 4시까지 상점을 열다 보니, 사람들이 몰려나와 온 도시가 혼란스러워진다. 그러다 보니 자연스레 '검은 금요일'이라는 호칭을 얻게 됐다. 경찰 입장에서는 악몽의 날이다. 그러면 이렇게 검은 금요일이 끼어 있는 달에는 매출이 증가할까? 소매업 관련 전문가는 한결같이 아니라고 한다. 소비자는 영업시간 연장에 좋아하지만, 그렇다고 주머니를 더 열지는 않기 때문이다.

이렇게 전체적인 매출 효과가 불투명하다면, 고용 효과도 마찬가지로 알기 어렵다. 대형 업체에서는 기존 인력을 재배치함으로써 영업시간 연장에 대처하게 된다. 대형 유통업체에서 판매 과정의 기술적 효율성을 높일 경우, 고용이 오히려 줄어들 수도 있다. 소규모 상점에서 생길 고용 감소 가능성도 고려해야 한다. 따라서 소매업의 경쟁 구조에 따라 고용 효과가 달라진다.

영업시간 연장의 고용 효과는 불투명하지만, '노동하는 나'의 조건은 악화되는 경향이 있다. 대형 유통업체의 과점화 경향과 영업시간 확대와 더불어 무엇보다도 고용 형태가 다양화되고, 그로 인해 노동자의 협상력이 약화된다. 대형 유통업체의 가장 대표적인 예는 물론 월마트다. 미국 캘리포니아 주립대학교 버클리의 두브A. Dube와 그 동료들은 월마트가 들어오면서 기존의 상점들이 존폐의 위기에 처하게 된다는 점에 주목했다. 그때 기존 상점들은 임금 삭감을 통해 경쟁력을 확보하려고 할 것이고, 고용 위기에 처한 노동자 또한 이를 받아들일 가능성이 적지 않다. 물론 폐업과 더불어 해고된 노동자는 낮은 임금을 받고서라도 월마트에서 일하려 할 수 있겠다. 이런 가능성을 두고 실증 연구를 해 본 결과, 이 연구팀은 실제로 월마트가 고용 조건의 악화를 가져온다는 점을 확인했다. 미국의 어떤 한 주state에 월마트 점포가 하나 들어오면, 상점 노동자들의 평균 임금이 0.2% 감소하게 되는 것으로 추정했다. 실제로 각 주마다 월마트 점포가 50개 정도 있는 점을 감안하면, 약 10% 정도의 임금 삭감이 있었다. 이뿐만 아니라 기업이 지원하는 의료보험 수급 가능성도 5% 포인트 감소하는 것으로 나타났다.

이와 같이, 소비자의 권리를 위한 것이라는 영업시간 연장의 배후에는 대규모 유통업체의 이해가 자리잡고 있다. 자영업자들이 힘들어지고, 상점 노동자들의 삶이 어려워진다. 또 그 이면에는 상점 노동자들의 시간을 '나의 시간'보다 과소평가하는 시간의 정치학이 숨어 있다. 24시간 사회의 화려함은 실상 노동시간의 디스토피아다. 피라미드 시대는 지난 지 오래지만, 시간의 피라미드는 여전히 굳건하다.

세월호 아이들에게:
거꾸로 선 경제학

너희들에게 쓴다. 4월이 오지 않길 바랐는데, 어김없이 와버렸다. 꼭 1년이 지났구나. 그곳에도 봄이 오고 꽃은 피는지.

오늘 나는 다시 호수를 찾았단다. 바다가 없는 이곳에는 바다 같은 호수가 있어. 지난해 이맘때 여기서 수신 불명의 편지를 보냈었지. 어른들이 알아서 할 터이니, 가는 길에 너무 울지 말고 친구 손 꼭 잡고 어깨 두들겨 주며 잘 가라면서. 모두들 절망했지만 각오도 대단했었지, 그때는.

1년 전 그때처럼 오늘도 바람이 차고 하늘은 어둡다. 정지 화면 속으로 다시 불쑥 돌아온 듯한 착각마저 드는구나. 미안하구나. 날씨만 그런 게 아니란다. 너희가 떠나고, 세상은 한 발짝도 움직이지 못했단

우리는 조금 불편해져야 한다

다. 어쩌면 아직 바닷속에 있는 배 속에 세상의 시간이 저당 잡혀 있는지도 모르겠다. 너희와 침몰한 배는 시간의 전당포인데, 영영 찾지 못할까 불안하기만 하구나.

무슨 낯짝으로 편지를 쓸까 했다. 어른들을 한번 더 믿어달라는 다짐, 지키지 못했어. 더 엉망이 되어버렸단다. 진실을 밝힐 수 있는 힘을 가진 이들은 여전히 모르쇠이니, 너희 부모님들은 매일같이 거리를 찾아 나선단다. 애타는 친구들과 시민들이 힘을 보태도 저쪽은 꿈쩍도 하질 않는다. 며칠 전엔 너희 엄마 아빠가 머리카락마저 눈물과 함께 메마른 시멘트 바닥으로 보내셨지. 삶의 전부인 너희를 잃었는데 삭발이 무슨 대수였을까. 다만 머리카락 한 올이 떨어질 때마다, 원통하고 어이없었던 지난 1년의 시간이 떠올랐기 때문이겠지. 빗물처럼 떨어지는 머리카락에 눈물 방울이 뚝 떨어지면, 너희의 해맑던 얼굴이 떠올랐기 때문이겠지. 여기에 무슨 말을 더 보탤 수 있을까.

그래도 너희에게 편지를 쓴다. 어른들의 약속이 어긋나고 헛된 것이 되어버린 경위를 보고하려 한단다. 그러면 너희는 그러겠지. 세상이 우리를 버린 것이 아니라, 우리가 너희의 세상을 버렸노라고. 신음 같은 바람만이 가득한 날에는 차라리 그랬으면 좋겠다는 생각을 한다. 너희도 이젠 알겠지만, 사람들은 가끔 바람에 취하기도 한단다.

알지 않니. 이 모든 것이 돈에서 시작되었지. '돈', 이러면 천박해 보이니까 '경제 논리'라는 고상한 표현을 쓰기도 해. 사람들은 돈을 악착같이 벌고 싶어 하기만, 다른 사람이 이긴 눈치채는 걸 싫어하고 때로는 벌컥 화를 내기도 한단다. 내 마음속 깊이 숨겨둔 사랑의 감정을 누군가 불쑥 입밖으로 내뱉으면 당황스럽고 화가 나는 것처럼.

아마 모르는 친구들도 있을 거야. 수학여행 간다고 탔던 배의 이름이 세월호란다. 그 배의 선주가 돈을 엄청나게 벌고 싶었던 모양이야. 낡은 배를 제대로 관리하지도 않고, 컨테이너를 더 실어보겠다고 그나마 안전장치마저 없애버렸다고 한다. 선원들도 안전이나 실력보다는 '싸게 부릴 수 있는' 사람으로 썼다고 하네. 너희를 버려두고 홀로 빠져나와서도 당당할 수 있는 사람들이었으니, 어찌 보면 세월호의 선주가 꼭 저를 닮은 사람을 채용했던 게지. 그래서 세월호 사고는 이미 예고된 일이었단다.

학교에서 배웠을 거야. 자본주의 시장경제에서 이윤 추구는 당연하지. 그런데 너희도 알잖아. 무작정 이윤 추구를 하자는 게 아니지. 국민의 안전이나 공공의 이익을 해치지 않는다는 전제가 붙어 있지. 기업들이 이런 것까지 무시하고 막무가내로 돈만 벌려는 유혹에 빠지는 것을 막기 위해 나라에서 법률도 만들고, 또 이를 감시하기 위해 정부가 있는 게 아니겠니. 그런데 너희가 떠나고 알게 되었단다. 공무원들도 기업과 유착되어 있었던 거야. 그들도 '이윤 추구'를 하게 되다보니 추상같이 엄격해야 할 그들이 실은 기업의 돈 욕심을 오히려 부추긴 게지. 아는 사람들은 다 알고 있는 '관행'이었다는데, 참 이상하지. 나쁘고 벌 받아야 할 일이 발각되면 다들 '관행'이라고 그런단다. 대대손손 도둑질로 생계를 이어온 도둑이 경찰에 잡히자 그건 내 '생계'이고 집안의 '관행'이라고 하는 것과 별반 달라 보이지 않는데도 말이야.

이건 서막에 불과했단다. 돈 욕심으로 무장한 경제 논리로 세월호가 침몰했지만, 너희를 살려낼 기회는 있었지. 우리나라에는 해경도 있고, 이순신의 후예인 해군도 있으니까. 하지만 구조 작업이 어찌되었는지는 너희가 고통스럽게 기억하잖니. 세월호의 추악한 욕심을 막지 못한 게 첫 번째 실패라면, 참혹할 정도로 허접한 구조 작업이 두 번째 실패였단다. 수천만 명의 사람들이 발을 동동거리며 뜻을 모았지만, 이 두 가지 실패는 오랫동안 쌓여 화석이 되어버려 어찌하질 못했단다. '관행'과 '경제 논리'를 말하기 좋아하는 사람들은 갑자기 침묵하기 시작했어.

목소리가 나왔단다. 너희 엄마 아빠에게서 시작되어, 전남 진도의 팽목항에서 나라 곳곳으로 퍼져 갔단다. 그제야 마치 봄꽃이 지천에 피어나는 것 같았단다. 눈물 위로 눈물이 떨어지고, 그런 방울들이 모이니 큰 목소리가 되더라. 구조 작업을 제대로 하라, 진상을 규명하라. 슬프고도 장대한 장면이었단다. 또 그게 지루한 싸움의 시작이었다.

그러자 침묵하던 자들이 말하기 시작했단다. 진실 규명, 구조 작업 완료, 책임자 처벌, 이런 걸 기대했지. 그런데 뜻밖의 애기가 나왔단다. 세월호 때문에 경제가 위축된다고 했어. 구조를 제대로 하고 사고의 진실을 알리자는 요구가 높아지니 사람들의 소비 심리가 위축돼 소비가 줄고 투자도 줄어서 경제가 어려워진다는 거야. 너희가 싫어하는 복잡한 용어와 숫자가 동원되었단다. 소비심리지수가 어떻고 경기선행지수가 어떻고, 그래서 국내총생산이 어쩌고 하는 거지. 너희도 기억나지? 요즘 살림살이가 더 어렵게 있니. 세월호 때문에 사는 게 더 어려워진다고 하니, 하루하루가 빠듯한 이들에게는 걱정거리이지. 섭

2부 경제학과의 불화

183

섭해하지 마. 마음속에야 너희들 생각이 가득하지만, 팍팍한 살림 때문에 야박한 생각이 생겨나는 게 어른들의 일상이야. 저쪽에서는 이런 심리를 잘 알지. 아까 말한 '관행', 기억나니? 이런 고도의 심리전은 힘을 가진 사람들이 관행적으로 많이 해오던 것이지. 너희가 정색하고 '낡은 수법'이라 한다면, 나로서는 반박하기 힘들겠구나.

이 때문에 화가 난 분들도 있었다. 반박을 하려 했다. 경제지표를 꼼꼼히 살핀 다음, 세월호가 소비나 경제 전체에 미친 영향은 미미하다고 따졌지. 몇 년째 경기가 내리막길을 걷고 있는데 세월호를 희생양으로 삼는다고 비판했단다. 자세히 보니, 지난해 하반기에는 소비가 조금씩 좋아진다는 증거도 찾아냈어. 세월호가 경제의 발목을 잡은 적은 없다는 얘기였지. 설익은 경제 논리로 세월호 참사의 진리를 외면하지 말라는 경고이기도 했어. 고마운 분들이지.

하지만 난 좀 아쉬웠단다. 돈이니 경제니, 이런 것에서 시작된 일인 만큼, 차제에 경제 논리로 제대로 따져 보았으면 했지. 세월호 참사가 경제에 미치는 영향이 없었다는 말의 취지는 이해하나 잘못되었지. 수백 명의 청춘을 졸지에 바다에 묻는 국민적 대참사가 있었어도 경제는 예전처럼 잘 돌아간다면 그게 더 이상하고, 또 너희는 조금 섭섭하기도 했겠다. 적어도 몇 개월 동안 사람들이 마음 졸이며 여행과 유흥을 줄였던 건 사실인데, 숫자로 폼생폼사하는 경제학도 이런 경우에는 정확한 수치를 내놓질 못하지. 경제가 이미 전반적으로 기울어지는 상황이라면 세월호 참사가 가져온 추가적 효과를 계산하기가 쉽지 않아. 또 그럴 수도 있겠구나. 너희를 추모하는 지출은 늘었겠구나. 팽목항

우리는 조금 불편해져야 한다

을 찾는 이들, 추모식장을 찾은 이들, 수많은 자원봉사자들과 기부, 오로지 너희를 위한 이 모든 것들은 경제통계상으로는 소비지출 증가가 되지. 요상하지만, 이게 경제 논리란다.

딸깍발이처럼 따지자는 게 아니란다. 갑론을박이 오가지만, 정작 중요한 게 빠져 있기 때문이야. 애초에 기업과 정부가 세월호 같은 선박을 제대로 관리하고 감독을 잘했어야 했다. 규제와 감독의 실패인 게야. 그리고 사고가 났을 때 제대로 구조했어야 했다. 구조의 실패이지. 너희를 잃고서야 이 두 가지 실패의 경제적 비용이 만천하에 드러나게 되었는데, 그렇다면 계산을 제대로 해야겠지. 세월호 참사 수습을 위해 정부, 기업, 국민이 지불한 비용은 모두 포함되어야 할 거야. 눈에 보이고 손에 잡히는 것뿐만 아니라, 숨겨진 비용도 찾아 내야겠지. 너희 가족뿐만 아니라 온 국민이 겪었던 정신적 비용은 뺀다 하더라도, 천문학적인 돈이 되겠지. 너희에겐 미안한 일이지만, 너희들 목숨값도 넣어야 하겠다. '세월호의 경제학'을 따지려면 이 비용부터 계산해야 하지 않겠니. 그런데 이를 따지는 사람이 드물구나.

한 가지 비용이 더 있다. '세월호 참사로 내수 위축'이라고들 하지만, 표현이 그다지 정확하지 않단다. 엄밀히 말하면, 세월호 참사에 대한 '국가의 대응 실패'로 인한 내수 위축이라고 해야겠지. 규제와 감독의 실패 그리고 구조의 실패에 이어, 진실 규명과 국민의 안전을 위한 대대적 조치를 취하지 않은 것이 곧 '국가의 실패'가 아니겠니. 그 때문에 경제는 큰 비용을 치렀단다. '경제성장'을 매일간이 외쳐대는 국가가 이런 큰 비용에 무덤덤하다니 놀라울 뿐이구나. 자신이 초래한

이 엄청난 비용에 국가는 침묵하고, 그 진실과 비용을 낱낱이 밝히라고 네 가족과 시민들이 요구하면 '경제를 망친다.'고 하는구나. 적반하장이 달리 있을까.

이게 끝이 아니란다. 며칠 전 너희에 대한 보상금이니 위로금이니 하는 보도가 막 나왔어. 진실을 규명하는 위원회를 제대로 만들자고 하는데, 저쪽에서는 수억 원대의 보상금 얘길 하더군. 상식 이하의 얘기고 난데없었던 까닭에 난 정부가 농담하는 줄 알았단다. 이런 발표를 한 날이 만우절이었거든. 영국 공영방송이 몇 년 전에 펭귄이 날아서 따뜻한 나라에 도착했다고 보도한 희대의 만우절 사건을 기억하니? 그런 거라고 생각했었다. 믿을 수가 없었단다. 하지만 여파가 컸단다. 말했잖니. 월급쟁이로 살아가기가 빠듯한 서민들은 '몇 억'이라는 숫자에 잠시 심란해지기도 해. 너희나 네 가족들이 미워서 그런 게 아니라, 일상이 우릴 그렇게 만든단다. 나랏일을 하는 사람들은 이런 계산에는 비범한 재주가 있더라. 이 역시 '낡은 수법'이지.

보고가 길어졌구나. 너희의 첫 제삿날이라 술 한잔 올려두고 편지를 쓰기 시작했단다. 이젠 그 술잔도 비워졌고, 너희는 여전히 보이지 않는다. 손이 떨리고 눈앞도 흐려지는구나. 큰절 올린다. 너희는 차라리 세상을 버리라고 했다. 그래도 말이다. 너희 엄마 아빠를 다시 한번 보렴. 이 어마어마한 벽에 지지 않고 싸우고 있단다. 세상의 그 누구보다 아름다운 분이란다.

그러니 내년에는 우리를 찾아오겠니? 눈부신 하늘에 수백만의 꽃송이를 피워두면, 그 길로 친구들 손을 잡고 활짝 웃으면서 와줄 수 있겠니?

우리는 조금 불편해져야 한다

3부

사람을 읽다

유토피아는 이상 때문에 실패하는 것이 아니다. 인간 때문에 실패한다. 훗날 알려진다. 포드가 사들인 포드란디아는, 알고보니 땅을 소개해 준 중개인 본인의 땅이었다. 쓸모없는 땅을 '천하의 포드'에게 어처구니없는 가격에 팔아 넘긴 대사기극이었다. 60년 가까이 버려진 포드란디아는 오늘날 관광객만이 가끔 찾는, 잊힌 땅이다. 포드는 자신의 유토피아인 포드란디아를 한번도 방문한 적이 없다. 모름지기 유토피아가 그러하다.

헬렌과 찰리가
만나던 날

　　왼쪽은 친숙한 사나이, 찰리 채플린이다. 그 오른쪽은 '어둠에서 빛을 보는' 헬렌 켈러다. 1919년, 영화 촬영장에서 처음 만나는 장면. 찰리의 눈과 헬렌의 손이 만나고 있다. 찰리가 약 10년 후에 만든 영화, 〈시티라이트City Lights〉에 나오는 장면을 연상케 한다. 그 영화에도 찰리가 사랑하는 아름다운 시각 장애인 여인이 나온다. 헬렌을 만난 날, 찰리는 유난히 수줍음을 타서 말을 더듬었다고 한다. 영화를 볼 수 없었던 헬렌이 찰리의 얼굴을 쓰다듬으면서 그의 영화를 상상해 보았으리라.

　　헬렌은 미국의 영웅이다. 그녀에 관한 이야기는 교과서에도 나오고, 그녀가 만든 시각 장애인 재단은 장애인의 권익 개선에 크게 기여했

| 헬렌 켈러와 찰리 채플린의 첫 만남 (1919년) © Roy Export Company Establishment |

다. 눈과 귀 대신에 손과 마음으로 세상을 이해하고, 그런 감각의 손으로 아름다운 문장을 써냈다. 지금 읽어도 간결하고 단아한 문장들. 인고와 낙관이 잘 버무려진 언어들이 번뜩거린다. 90년에 가까운 긴 삶에서 글은 그녀를 버티게 한 힘이자 무기였다.

사실 우리는 헬렌의 반쪽마저도 제대로 알지 못한다. 예를 들어, 1910년 즈음, 그러니까 30살쯤 이후에는 그녀의 저술을 찾기가 힘들다. 그 이후에 나온 책들은 대부분 증보판이었다. 마음을 움직이는 글솜씨를 가진 그녀가 글을 안 썼다니 기이한 일이다. 그만한 연유가 있다.

20대에 이미 모든 사람으로부터 '고난을 딛고 피어난 꽃'이라는 찬사를 받고 유명세를 치렀던 헬렌은 자신과 비슷한 처지에 있는 사람들에게 관심이 많았다. 그때 마침 시각 장애인의 실태를 파악해 달라는

우리는 조금 불편해져야 한다

의뢰가 들어왔다. 거기서 헬렌은 시각 장애인 여성들의 가난과 가난 때문에 견뎌야만 하는 수모를 보게 된다. 창녀촌으로 내던져지는 시각 장애인 여성들도 만나게 된다. 가난 때문에 제대로 먹지 못해서 그리고 위험한 노동을 하다가 사고를 당해서 눈을 잃게 되는 여성들 이야기를 듣게 된다. 마침내 이들에 대한 사회적 냉대, 비열한 기업들, 그리고 이들을 위해 아무것도 하지 않는 정부를 발견하게 되었다. 그리고 그녀는 사회주의자가 되어 헌신하기로 결심했다. 당시에 꽤 과격한 그룹이었던 세계산업노동자IWW에도 가입했다.

소문이 나지 않을 수 없었고, 언론에서 대대적인 보도를 해대었다. 「브루클린 이글Brooklyn Eagle」이라는 우파 신문에서 특히 심하게 공격했다. 뉴욕 타임즈를 비롯한 신문들도 크게 다르지 않았다.

한때 헬렌은 장애를 극복하고 꿋꿋이 살아가는 이들의 표본이었는데, 이제는 이걸 공격하였다. "헬렌은 이런 치명적인 장애 때문에 세상 물정을 잘 모르고, 그러다 보니 마음에도 상애가 생겼나."는 것. 마음의 장애는 곧 그녀의 사회주의적 신념을 말하는 것이었다. 헬렌은 이에 크게 반발하며 커밍아웃한다. 1912년에는 「나는 어떻게 사회주의자가 되었나」라는 글을 발표했다.

몇 해 전, 나는 한 신사를 만났었는데, 그는 「브루클린 이글」의 편집장 맥켈웨이 씨였다. 시각 장애인의 권익을 위한 뉴욕 모임 직후였다. 당시 그가 나에게 했던 찬사는 너무 대단해서 그때를 떠올리면 얼굴이 붉어질 정도다.

하지만 내가 사회주의자임을 천명한 지금, 그는 나와 대중에게 내가 장님이고, 귀머거리이며, 그래서 실수할 수밖에 없다고 떠벌린다. 그를 만난 후로 몇 해 동안 내 지적 능력은 위축된 게 틀림없다. 이번엔 그가 얼굴을 붉힐 차례다. (중략)

오, 우스꽝스럽기 짝이 없는 「브루클린 이글」이여! 어쩜 이리도 비겁한 새(鳥)인가! 사회적인 장님이자 귀머거리인 「브루클린 이글」은 이토록 참기 힘든 시스템, 우리가 막으려고 하는 육체적인 실명과 귀먹음의 원인인 바로 그 시스템을 두둔한다. (중략)

만약 내가 사회주의 운동에 이바지할 수 있는, 가끔 꿈에 그리는 그런 책을 쓸 수 있다면, 나는 그 책에 어떤 제목을 붙일지 알고 있다. '산업적 장님과 사회적 귀머거리 Industrial Blindness and Social Deafness'

— 헬렌 켈러, 「나는 어떻게 사회주의자가 되었나」(1912) 중에서

그녀가 찰리 채플린을 만난 1919년은 언론의 마녀 사냥에 지칠 대로 지쳐 있을 때였다. 찰리로부터 어떤 위안을 받았는지, 그 이후로 자주 만났는지도 알 수 없다. 다만, 그녀의 손이 편안하고 따스해 보인다는 것밖에.

헬렌이 언론의 공격과 싸우고 있을 때, 찰리도 같은 곤경에 처한다. 그에게 공산주의 딱지가 붙여졌다. 이를 끝내 견디지 못하고, 찰리는 미국을 떠나 스위스로 '망명의 길'을 떠난다. '어린 여자애들을 좋아한다.'는 인신공격에 속수무책으로 당하다가 결국 모든 걸 포기했던 것이다. 그의 영화도 같이 지워졌다. 이즈음, 헬렌이 쓴 '사회주의적 경

우리는 조금 불편해져야 한다

향'의 글도 철저히 무시되고 지워졌다. 그래서 우리가 그리고 미국인들이 알고 있는 헬렌 켈러의 삶은 그녀의 30살까지 인생이다. 그 이후에는 누구도 얘기하지 않는 잊힌 삶이 되어버렸다.

찰리와 헬렌은 오랜 시간이 지나서 다시 만난다. 이미 두 사람이 세상을 버린 다음이다. FBI 비밀 문서가 2000년대에 공개되었는데, 그 중에는 맥카시 위원회에 제출된 '공산주의자들' 명단이 있었다. 헬렌 켈러의 이름이 거기에 포함되어 있었다. 그 옆에는 찰리 채플린이, 또 그 옆에는 알버트 아인슈타인이 적혀 있었다. 20세기의 고통을 함께했던 풍운아, 이 세 사람의 '아프고도 진실했던 삶'은 공식 역사에서 지워지고, FBI의 어두운 캐비닛에서 빨간색 물감을 뒤집어쓴 채 감금되어 있었다.

빨간색의 힘은 여전하다. 그래서 오늘, 빨간색을 모르는 헬렌 켈러가 있는, 빨간색을 허용하지 않는 흑백 사진을 본다. 그녀의 손이 찰리의 입술을 읽으면서 나누었던 이야기를 상상해 본다.

교사에게 편지 쓰는
아인슈타인

오늘은 아인슈타인을 읽는다. 그의 상대성 이론을 잘 모르면서도, 그의 책을 종종 꺼내어 보는 것은 그의 지칠 줄 모르는 용기와 신념 때문이다. 숨겨진 그의 반쪽 때문이다.

평화 운동에 대한 그의 기여는 이미 잘 알려져 있지만, 그가 용기를 내고 목소리를 높인 분야는 상상을 초월할 정도로 폭넓다. 헨리 조지를 읽고 베블렌을 연구하면서, 웬만한 학자만큼 자본주의 분석에 대한 식견을 가졌다. 좌파 계열인 『먼슬리 리뷰Monthly Review』의 창간호(1949년 5월)에 「왜 사회주의인가」라는 글을 쓴 이는 '잘 나가던' 정치경제학자가 아니라 아인슈타인이다. 그러면서도 소비에트식 공산주의를 혹독하게 비판했다.

흑인 차별 금지를 1950년대부터 공개적으로 거론한 이도 아인슈타인이다. 제2차 세계대전 이후 유태인으로서 이스라엘 국가 건설에 적극적으로 나서 유태인의 영웅으로 떠올랐다가, 팔레스타인에 가해지는 폭력에 항의하고 그들에게도 동등한 권리를 보장할 것을 요구하면서 하루아침에 유태인 배신자가 되었다. 그의 수많은 편지와 칼럼을 보면, 그의 순진무구한 얼굴이 떠오르고 힘이 난다. 위로가 된다.

아인슈타인은 명성과 겉멋을 무지 싫어했지만, 자신의 명성을 약자들이 이용하는 걸 마다하지 않았다. 사실, 영악할 정도로 잘 이용했다. 어려운 상황을 호소하는 편지에 일일이 답장을 했다. 그러면서 "이 편지가 꼭 비밀일 필요는 없어요."라고 추신을 붙였다. 자신의 편지를 공개해서 '이용'할 것을 부추긴 게다. 하지만 그 대가는 혹독했다.

아인슈타인은 히틀러를 피해 미국으로 피신하지만, 거기서 또 거대한 벽에 맞서 싸운다. 망명지 미국은 그에게 곧 유배지가 되었다. 미국으로 처음 피신했을 때도 미국 우파는 그의 입국을 반대했다. 그가 공산주의자라는 이유였다. 미국에 가자마자 그를 처음 반긴 것은 당연하게도 감시와 감청이었다. 죽을 때까지 계속되었다. 그 결과는 무려 1,500페이지를 넘는 FBI 파일이었다. 이른바 아인슈타인 파일이다. 그는 이 모든 것을 알고도, 주눅이 들지 않았다. 그의 얼굴은 여전히 해맑았다.

교육에 대해서 아인슈타인은 할 말이 참 많았다. 어찌 보면, 통속적인 교육제도로는 차원에서 그는 실패자이었다. 중등교육과 대학 과정에서 그는 그다지 두드러지지 않았다. 그러나 '패자'에게 기회는 다시 한번 주어져, 기어코 노벨상까지 받게 되었다. 보기에 따라서는 그는 당시 교육제도의 치명적 결함을 온몸으로 증명했다. "학교제도에서 창의성이 살아남는 건 기적이다."라고 눙치기도 했다. 그래도 학교제도가 살아남는 이유로, "학교에서 배운 것을 몽땅 까먹기 때문"이라는 항간에 떠도는 농담을 거론하기도 했다.

이런 개인적인 경험 탓인지, 그는 교육에 대해서 수많은 글을 남겼다. 그가 생각하는 교육은 확실히 다르다. 가령, "지식이란 죽은 것이고, 교육이란 살아 있는 사람들에 봉사하는 것이다. 따라서 교육이 지식으로 환원될 수 없다." 그는 사고력과 공동체 정신 함양을 교육의 근간으로 봤다. 지금이나 당시 사정으로 봐서는 다소 '희망 사항'이라는 느낌이 들겠다.

그런데 아인슈타인은 신기하게도 이 점에 대해서는 낙관적이었다. 이 점이 예전부터 궁금했었다. 그의 글을 다시 읽으면서 알았다. 아인슈타인의 이 같은 낙관에는 선생님들에 대한 신뢰가 있었다. 독재적이거나 관료적인 국가로부터 선생님들이 학생을 지킬 수 있다는 신념이 있었다. 그래서 아인슈타인은 늘 외쳤다. "교사에게 힘을!"

선생님들의 각종 행사에도 격려 편지를 보냈다. 심지어 봉급 문제도 거들었다. 교육과 같은 "사회적으로 유용한 활동은 내적 만족감을 주지만, 그렇다고 노예는 아니지 않은가." 그러고는 이런 결론을 내렸다. "선생님들이라고 해서 내적 만족감으로 자기 아이들의 배를 채울 수는 없는 법." 그가 선생님들의 임금 인상 투쟁을 지지하는 방식이었다. 그의 지지 방식에는 늘 품격이 있다.

그가 이렇게 두둔하고 나선 데는 이유가 있다. 선생님들이 반교육적인 국가나 관료적인 국가 기제에 소리를 높이고 나서고 있었기 때문이다. 1950년대부터 매카시의 마녀사냥이 시작되었다. 선생님들도 예외가 없었다. 그중 윌리엄 프라우엔글라스William Frauenglass라는 선생님도 포함되어 있었다. 모두들 속수무책으로 당하고 떨고 있을 때였다. 혹시나 인민재판을 해대는 매카시 위원회에 출두 명령을 받을까 걱정이었다.

당시 브루클린에서 가르치던 이 선생님은 공개적으로 출두를 거부한다. 외로운 투쟁을 시작했다. 아인슈타인은 친히 그에게 편지를 보낸다. 이 엄혹한 상황에서 우리가 같이할 수 있는 일은 무엇이냐고 물은 뒤, 결국은 간디의 불복종 운동을 공격적으로 해나가자고 한다. 투옥이나 경제적 어려움을 두려워하지 않고, 매카시 위원회에 대한 '협조'를 거부하자고 촉구한다.

그게 소수화된 지식인이 해야 할 일이 아닌가. 그래서 그는 자유와 민주주의를 지키려 행동하는 이들 옆에 늘 서 있었다. 그의 옆에 선다는 것은 영광스러운 일이지만, 또 가시밭길을 간다는 뜻이었다.

비 오는 가을밤, 아인슈타인이 쓴 편지를 다시 읽는다. 행동하는 신념으로 빛나던 그의 얼굴이 그립다. 그가 살았더라면 지금 보냈을 무수한 편지들…. 그런 편지가 한국에도 갔을까. 그가 살았던 취리히 동네에나 한번 다녀와야겠다.

히틀러는 비트겐슈타인을
만났을까

역사가 우연이라는 '한가로움'을 한치도 허용하지 않는다면, 적어도 역사의 아이러니는 있겠다.

호주 출신 작가 킴벌리 코니쉬Kimberley Cornish는 1998년에 『린쯔의 유태인들』이라는 책을 낸다. 거기에 깜짝 놀랄 만한 사진 한 장이 실려 있었다. 오스트리아 린쯔의 한 초등학교 학급 사진 맨 오른쪽 끝에는 아돌프 히틀러가 친숙하기 그지없는, 흔들림 없는 자세로 앉아 있다. 지금도 여전히 베스트셀러인 『나의 투쟁』에 따르면, 히틀러는 바로 이 학교에서 유태인에 대한 증오를 배웠다. 그에게 학교란 세상의 '불공평'을 고스란히 재현하는 장이었고, 유태인이 이 모든 것을 연출한다고 믿었다. 보잘것없는 가정에서 태어난 그가, 부유롭고 이기적이

우리는 조금 불편해져야 한다

| 왼쪽 원 안이 비트겐슈타인, 오른쪽 원 안이 히틀러 |

며 천방지축인 유태인 학생들을 좋아할 까닭은 없었겠으나, 그때 생긴 그의 미움은 인류에 치명적인 자기증식 과정을 거듭하게 된다.

그러면 히틀러가 조우한 유태인들은 누구인가? 코니쉬가 내민 사진에는 또다른 친숙한 인물이 나온다. 히틀러의 앞줄 왼쪽에 앉아 있는 미소년, 그가 바로 20세기 언어분석철학의 창시자인 루드비히 비트겐슈타인이라 한다. 그러나 비트겐슈타인은 가장 '비유태인'적인 유태인이었다. 그러니 역사적 아이러니라고 할 수밖에.

비트겐슈타인은 자신을 제외하고는 세상이 인정한 천재다. 천재라면 마땅히 지녀야 할 괴팍성도 넘쳐나는, 말하자면 완벽한 천재다. 수학을 공부하러 맨체스터에 갔다가 그 근본을 캐고자 철학을 공부하려 했다. 맨체스터 선생들도 어찌할 줄 모르던 차에, 그는 당시 케임브리지에 있던 버트런드 러셀에게 보내졌다. '자타 공인' 천재였던 러셀이었지만, 그도 비트겐슈타인의 '완벽한 천재성' 앞에 속수무책이었다. 우유와 야채만 먹었던 비트겐슈타인은 러셀의 사회성을 싫어했다. '바보'들이 모여 있는 학회에 가서 그들이 '바보'라고 선언하지 못하는 러셀에 분노했다. '단정하고 곧바른' 유태인 천재와는 한참 멀었다.

남들에 엄격한 만큼 자신에게도 엄격했다. 아주 오랫동안 그는 자신이 '진짜 멍충이'가 아닌지 괴로워했다. 이런 참담한 상황을 보다 못해, 러셀은 비트겐슈타인에게 방학 숙제를 낸다. "철학에 관한 걸로 방학 동안 뭘 하나 써 봐라. 언제까지 내 사무실에 와서 몇 시간씩 아무말 없이 어슬렁거릴 거냐. 네 글을 봐야지 네가 멍충이인지 아닌지를 알 것 아니냐." 이 말에 솔깃해서 그는 방학 동안 'ㄲ적거려' 보고, 러셀에게 보여 준다. 충격의 도가니. 이 방학 숙제가 바로 이후 그의 명저 『논리철학논고』의 기초가 된다.

그의 천재성이 확인되자마자 그는 자신의 애국심까지 확인하고 싶었나 보다. 1차 대전이 발발하자마자 주저 없이 오스트리아를 위해 참전한다. 종전 바로 직전에 이탈리아 군대에 체포되어 포로수용소 생활을 8개월 남짓 했다. 물론 그는 평범한 병사는 아니었다. 총알이 날아다니고 대포알이 비오듯이 쏟아지는 참호에서, 그는 지금도 세상에서 몇 명만이 제대로 이해한다는 『논리철학논고』를 집필한다. 75페이지밖에 안되는, 살아 생전에 낸 그의 유일한 저작은 1차 대전의 전쟁터에서 나왔다. 인간이 하는 것이라곤 싸움박질밖에 없는 세상의 한복판에서 그는 휴머니즘이 싹 제거된 논리철학을 집대성한다.

그는 부자였다. 히틀러가 싫어할 만큼 엄청난 갑부의 아들이었다. 철강왕의 아들. 하지만 철학으로 얽힌 그의 야박한 운명도 거기서 시작된다. 철강왕 부친이 죽자, 그는 졸지에 천문학적인 유산을 물려받는다. 그러나 돈이란 철학자에게 성가신 존재일 뿐. 그는 미련 없이 유산을 모두 가족들에게 나누어 준다. 빈털털이가 된다. 오스트리아에서 학교 선생을 하며 생활한다. 그는 인간이 수학을 못한다는 것을 평생 이해하질 못했다. 학생들에게 매질을 해댔다. 결과는 가혹했다. 목축 사업을 하던 학부모들은 그에게 우유 판매를 거부했다. 그의 삶에 수학이나 철학만큼 중요한 것이 우유였던 바, 그는 학교 생활을 그만둘 수밖에 없었다. 돈을 멀리 한 유태인에게 세속의 삶이란 이렇듯 가혹했다.

참호 속에서 태어난 책을 출판하자니, 그제서야 러셀의 도움이 필요했다. 1차 대전이 막 끝난 때라, 패전국의 비트겐슈타인과 승전국의 러셀이 편하게 만날 곳은 중립국이었다. 헤이그에서 만나자고 했다. 하지만 비트겐슈타인은 무일푼. 여행비를 마련할 수 없었다. 러셀은 비용을 보내 줄 테니 걱정 말라 했다. 자존심 센 비트겐슈타인은 단호히 거부한다. 이 때문에 만남이 불발될 상황이었다. '사회성'이 뛰어난 러셀이 아이디어를 낸다. 1차 대전 참전한다고 뒤도 돌아보지 않고 떠난 비트겐슈타인은 케임브리지에 책과 살림살이를 남겨두었다. 러셀은 이걸 정리해서 돈을 보내주겠다고 했다. 그제서야 비트겐슈타인은 웃는다. 그의 책은 그렇게 나오고, 그는 일분일초도 아끼지 않고 '완벽한 천재성'을 보여줬다. 당연히 그의 주위는 항상 적막했지만, 그는 개의치 않았다. 예순을 넘어 죽음이 임박했을 때 그랬다고 한다. "내 삶은 원더풀했다."고.

죽었다고 그의 천재성이 끝난 게 아니었다. 죽기 전에 남긴 초고들을 모아서, 그의 두 번째 책이자 유고가 출판되었다. 거기 나온 주장은 그의 첫 번째 저서와는 판이하게 달랐다. 전기 비트겐슈타인과 후기 비트겐슈타인의 구분도 나왔다. 하지만 그는 가고 없으니 확인할 방법은 없다. '완벽한 천재성'의 완성은 무릇 이러한 것이다.

히틀러가 비트겐슈타인을 실제로 만났는지, 그리고 그가 히틀러 '투쟁'에 불을 지른 인물인지는 알 길이 없다. 사진 자체의 진위 여부 논란도 있고, 이 둘 간의 관계도 논란이다. 하지만 이것만은 분명하지 싶다. 첫째, 비트겐슈타인은 히틀러가 가공해낸 전형적인 유태인의 상에서 가장 멀리 떨어져 있는 인물이다. 세상 앞에 홀로 선 속수무책 어린 아이였을 뿐이다. 둘째, 히틀러가 비트겐슈타인을 설령 알고 있었다 하더라도, 비트겐슈타인은 히틀러를 몰랐을 것이다. 비트겐슈타인이 비록 남자를 사랑했으나, '멍충이'는 본능적으로 싫어했으니까.

우리는 조금 불편해져야 한다

비극적 낭만주의자,
스탈린

　　그의 나이 17세. 심원을 알 수 없는 감수성
이 쏟아져 나와 눈빛마저 흐리게 하는 어느 아침. 쉽박 받는 조국의 고
요한 풍경이 눈보다 가슴으로 먼저 다가온다. 타고난 감미로운 테너의
목소리로 밤새 많은 이를 울렸던 그가 이젠 펜을 들어 쓴다. '아침'을
노래한다.

> 분홍빛 꽃봉오리가 피더니
> 창백하게 푸른 제비꽃에게 달려가고,
> 가벼운 산들바람에
> 계곡의 백합은 들판 위로 고개 숙이네

종달새 짙푸른 하늘로 노래하며

구름보다 높이 날고

감미롭게 노래하는 나이팅게일은

숲속의 아이들에게 노래하네

    타국의 언어로는 옮겨질 수 없는, 조지아Georgia의 서정성이 빛나는 시 한 편이 이렇게 완성된다. 곧 『이베리아Iveria』라는 당대 최고의 시 전문 잡지에 실리고, 또 교과서에도 실린다. 무수한 이들의 입에서 감격스럽게 읊조려진다. 그땐 아무도 몰랐다. 이 젊디 젊은 시인이 펜 대신 총을 들고, 온 세상을 감동 대신에 공포에 떨게 할, 바로 그 사람이라는 것을. 시인은 조세프 스탈린.

    스탈린은 걸출한 시인이자 테너, 그리고 아마도 이 덕분에, 헤아릴 수 없이 많은 여인들의 연인이었다. 17세의 나이에 시 다섯 편을 발표했고, 틈틈히 테너로 나서 노래했다. 시를 읊조리거나 노래에 젖어 있을 때 그의 눈은 감수성으로 불타올랐고, 그 뒤로는 외로움과 설렘을 남겼다. 이 잘생기고 우수에 가득찬 낭만주의자를 어쩔 것인가. 그럴 때마다 새로운 사랑이 찾아왔다. 하지만 그런 사랑은 늘 짧고 회환은 길었다. 그의 눈은 늘 그렇게 타올랐기에 그가 무엇을 보고 있는지 몰랐다. 여인들은 한탄했다. "그가 사랑하는 건 혁명 뿐."

    스탈린이 레닌의 사랑과 신뢰를 온몸에 받게 된 일대 사건은 1907년에 일어난다. 은행을 털어서 엄청난 규모의 활동 자금을 조달한 사건이다. 이런 역사적인 강도질의 일등 공신은, 바로 그의 시 「아침」이

우리는 조금 불편해져야 한다

다. 국유은행 하나를 털자니 내부 정보가 필요했다. 쉽지 않은 일이었다. 그런데 우연히 이 은행에서 회계일을 하는 학교 친구를 만나게 된다. 그는 스탈린의 시를 사랑하다 못해 줄줄 외워댔다. 존경해 마지 않는 시인을 만났으니, 그의 부탁을 흔쾌히 받아들였다. 며칠 후, 이 은행은 털리고 40여 명이 목숨을 잃는다. 조랑말에 돈을

| 젊은 시절의 조세프 스탈린 |

싣고 줄행랑을 하는 중에도, 스탈린은 시와 노래로 사람들에게 도움을 청했다. 모두 손을 걸고 도왔다.

그도 아팠던 것일까. 스탈린은 그가 시인이었다는 걸 숨겼다. 이미 발표된 시들은 가명으로 출판되었다. 그래서 사람들은 알지 못했다. 훗날 그가 피비린내 나는 숙청 작업을 하며 권력의 정점에 있었을 때, 부하 몇몇이 몰래 그의 시를 러시아어로 번역 출판하려 했다. 과잉 충성에 버럭 화를 내며, 스탈린은 작업을 중지시켰다. 그는 자신의 시를 가슴에만 꼭꼭 묻어두려 했다. 또, 그의 총구와 칼날은 시인들 앞에서는 무디어졌다. 파스테르나크Boris Pasternak가 기세등등하게 그를 비판할 때도, 시인의 입에 차마 총을 쏘진 못했다.

낭만주의는 신장을 때리고, 그래서 피의 복수와 가까운 친구인 걸까. 더러 그런 얘기가 있다. 스탈린이 그의 '유일하고 영원한 사랑'인

첫 번째 부인을 잃으면서, 그의 낭만주의는 폭력주의로 변했다 한다. 너무나 사랑한 나머지, 그의 사랑을 무참히 짓밟아버린 세상에 대한 무자비한 복수. 그래서 그는 '사랑한 척만 하고 결코 믿지 않았던' 두 번째 부인을 어이없이 죽게 만들고, 아들이 전쟁터에서 자살하게 하고, 인도 남자와 눈이 맞은 딸을 내치며, 그리고 무엇보다도, 내 하나의 사랑을 위해 수백만의 사랑을 앗아 갔을까.

그러나 어쩌랴. 세상에는 사랑의 이름으로도 용서되지 않는 일이 있는 것을.

우리는 조금 불편해져야 한다

헨리 포드의 사기 당한
유토피아

여행길에 기괴하면서도 편안해지는, 그래서 더 기괴해지는 정체불명의 음악을 들었다. 궁금하지 않을 수 없다. 아이슬란드 출신의 요한 요한손Jóhann Jóhannsson이 작곡했다 하는데, 우울한 음악으로 명성이 높다고 한다. 그의 우울이 나를 편안하게 한다면, 나의 편안함은 무엇인지 곤혹스러웠다. 하지만 정작 더 곤혹스러운 것은 이 음악의 제목이었다.

제목은 「포드란디아Fordlândia」다. '포드의 땅'이라는 뜻인데, 자동차왕 헨리 포드가 1920년대 말에 브라질 아마존에 만든 대규모 고무 농장이다.

성공에 도취되어 거침없었던 포드가 당시 속수무책이던 것이 하나 있었다. 유럽이 독점하고 있는 고무 가격이었다. 포드 자동차도 굴러가는 자동차인지라, 바퀴가 필요했고 타이어가 필요했다. 당시는 모두 천연 고무를 사용했다.

포드는 고무 가격 독점에 결연히 저항하기로 했다. 그는 유통을 믿지 않고 오로지 생산만을 믿는 자. 그래서 브라질 출신의 믿을 만한 사람에게 부탁해서 고무 농장에 적합한 곳을 알아 봤다. 아마존 중심에 있는, 서울의 두 배쯤 되는 광대한 부지를 소개받았다. 마음이 급한 포드는 흔쾌히 받아들이고 대대적인 투자를 했다.

고무도 '생산'하는 것이니, 식물학자가 아니라 엔지니어가 투입되었다. 일렬로 촘촘히 고무나무를 심었다. 그리고 '미국식 꿈의 농장'을 만들었다. 이게 바로 포드란디아다.

우림 지역이라 이른 아침과 늦은 오후에만 일하는 전통적인 노동 방식이 아니라 '9 to 5'를 과감하게 도입했다. 일하다 쓰러졌다. 주택도 미국식으로 만들었고, 주말에는 미국식 춤과 노래를 배웠다. 음주와 흡연은 일체 금지였는데, 이 엄격한 규칙은 회사가 내어 준 집에도 적용되었다. 브라질 노동자에겐 목숨을 달라는 얘기였다. 또한 노동자의 건강에 대한 걱정도 깊었던지라, 매일같이 햄버거가 나왔다. "웬 햄버거!" 하면서 노동자들의 반발이 심했다. 몇 년 지나지 않아 폭력적인 분규가 생겼다. 꿈이 아니라 땀과 피가 넘쳤다.

엔지니어가 설계하듯이 심은 고무나무가 잘 자랄 리가 없었다. 병들고 죽고 하니, 고무 생산은 변변치 않았다. 그때서야 부랴부랴 식물학자를 끌어들여 사태 분석을 했다. 그들은 꿈을 깨라고 했다. 포드란디

우리는 조금 불편해져야 한다

아에서 고무 생산은 불가하다고 판정했다. 포드는 포기를 모르는 사람이다. 다른 부지를 물색하고, 쓸 만한 땅을 다시 구입해서 고무나무를 다시 심었다. 1940년대에 들어설 때쯤에는 고무 생산이 제법이었다. 드디어 꿈이 이루어지는 듯했다. 하지만 한번 어긋난 일이 그리 쉬이 되진 않는다. 포드의 천연 고무가 본격적으로 나올 때쯤에는 인공 고무가 나타나 시장을 지배하기 시작했다. 포드란디아가 꿈꾸던 천연 고무 농장의 꿈은 그렇게 산산조각났다. 무려 2억 달러에 달하는 돈도 같이 사라졌다.

유토피아는 이상 때문에 실패하는 것이 아니다. 인간 때문에 실패한다. 훗날 알려진다. 포드가 사들인 포드란디아는, 알고보니 땅을 소개해 준 중개인 본인의 땅이었다. 쓸모없는 땅을 '천하의 포드'에게 어처구니없는 가격에 팔아 넘긴 대사기극이었다.

60년 가까이 버려진 포드란디아는 오늘날 관광객만이 가끔 찾는, 잊힌 땅이다. 포드는 자신의 유토피아인 포드란디아를 한 번도 방문한 적이 없다. 모름지기 유토피아가 그러하다.

엘리노 루즈벨트,
세상에 핀 장미

전장에서 돌아온 군인을 반기던 꽃종이와 키스의 기억이 아련한 뉴욕의 거리. 그 위로 냉전의 그림자가 드리우기 시작한다. 1948년 12월, 뉴욕. 어제의 전쟁 동지가 오늘의 적이 되어 만나는 유엔 총회장. 짙은 넥타이를 한 남자들이 모처럼 마음을 모아 박수를 보낸다. 그 앞에는 60대 중반에 들어선 한 여인이 수줍게 앉아 있다.

"인간은 자유롭고 평등하게 태어난다."는 감격적인 문장으로 시작되는 「세계인권선언문」이 만장일치로 채택되는 순간, 너 나 할 것 없이 오직 한 여인만을 바라보았다. 남자들이 불가능을 외치며 회의장에서 담배 연기나 뿜어낼 때, 그녀는 홀로 무소의 뿔처럼 걸어갔다. 이제 그

우리는 조금 불편해져야 한다

험난한 여정이, 어쩌면 그녀의 인생 역정이 그렇게 마무리되고 있었다. 수십 년 동안 모질게 외면해 온 피곤이 몰려드는 것인지, 그녀는 두터운 코트 속으로 숨어들기만 한다. 박수는 여전히 끝날 줄을 모른다.

그녀 이름은 엘리노 루즈벨트Eleanor Roosevelt. 그녀가 루즈벨트Franklin D. Roosevelt 대통령의 아내가 아니라 엘리노로 불리며 만인의 연인이 되는 순간이다.

그녀는 오랫동안 '사랑받지 못한 여인'이었다. 테오도르 루즈벨트Theodore Roosevelt 대통령의 명문 가문에서 태어났으나, 그녀의 어머니는 일찍 병사했고, 아버지마저 알콜 중독으로 요양소를 전전하다가 창문 밖으로 뛰어내렸다. 부모에게 버림받았다고 생각한 탓에, 그녀는 늘 자신이 '미운 오리'라고 생각했다. 할머니 품에서 자라면서 더 커져버린 자격지심, 이를 한번에 털어 낸 일대 사건이 생겼다. 바로 프랭클린 루즈벨트와의 만남이었다. 하지만 그것이 잔인한 사랑의 시작이라는 걸 그녀는 알지 못했다.

프랭클린을 제 목숨처럼 사랑한 이가 또 있었다. 그의 어머니. 그녀의 한없는 아들 사랑에 틈이 생길 것이 두려워, 그녀는 무작정 아들의 결혼을 반대했다. 아들을 멀리 '유배' 보내기도 했다. 그러나 프랭클린은 처음이자 마지막으로 엘리노를 위해 결사항전에 임했다. 마침내 결혼에 성공했다. 하지만 결혼은 시어머니와의 전면전을 의미했을 뿐이다. 시어머니는 신혼집을 자신의 집 옆에 마련하고, 두 집 사이에 문을 내는 기민함을 발휘했다. 엘리노의 고독은 갈수록 깊어졌지만, 연이어 태어난 여섯 명의 아이들에게서 희망을 찾았다. 그러나 이 희망마저도 그녀를 비껴갔다. 시어머니가 손주들의 몸과 마음도 직접 보살폈다. 시어머니가 "애들아, 네 엄마는 지겹지 않니? 내가 네 엄마보다 더 엄마 같지?"라고 손주들의 귀에 속삭일수록, 엘리노는 아이들에게서도 점점 멀어져 갔다. 육체적 사랑의 결과가 이리도 참혹한 까닭에, 그녀는 '세속의 사랑'을 더 이상 믿지 않게 된다.

삶의 애꿎은 장난은 그 끝을 알지 못한다. 사랑이 변했다. 한때 사랑을 믿게 해 주었던 프랭클린의 사랑이 그녀의 절친한 비서에게로 옮겨 갔다. 그녀는 다시 '미운 오리'로 돌아왔다. 인생은 동화가 아니다. 미운 오리는 그저 미운 오리일 뿐이다. 이혼을 결심했다. 이마저도 쉽지 않았다. 결혼을 반대하던 시어머니가 이제는 이혼을 반대하고 나섰다. 시어머니가 이혼하면 재산 한 푼 남겨주지 않겠다고 아들을 협박했다. 프랭클린은 다시 '착한' 아들로 돌아왔다. 그 와중에 그는 척추성 소아마비로 불구의 신세가 된다. 머리와 가슴이 터져 나갈 것 같아 손만 흔들어 댈 뿐 한발짝도 내디딜 수 없는 늪, 그 늪 속으로 그녀가 서서히 침몰하고 있었다.

그때 그녀는 『인형의 집』의 노라처럼 집을 버린다. 신음하고 있는 바깥 세상을 본다. 전쟁, 공황, 빈곤, 차별… 이 모든 것을 정면으로 바라보며 세상에 나갔다. 끊임없이 만나고 얘기하며 해법을 찾았다. 수많은 사람들을 조직했다. 그리고 불구가 된 프랭클린을 움직였다. '새로운 미국'의 근간이 된 뉴딜 정책, 근로기준법, 사회보장법을 만든 숨은 장본인은 프랭클린이 아니라 엘리노다. 타고난 말주변과 외모로 인기는 많았지만 힘든 것은 피하고 싶어 했던 마마보이, 프랭클린을 다그치

우리는 조금 불편해져야 한다

며 세상을 위해 일하라며 채찍질한 이가 바로 엘리노다. 그 당시 정책 결정 과정을 봐왔던 이들은 한가지를 또렷이 기억한다. 엘리노가 프랭클린에게 귀속말로 무언가를 전하면, 프랭클린은 괴로운 듯 고개를 파묻고 있던 장면. 주위의 시선에 굴하지 않고, 흑인을 비롯한 소수자를 백악관으로 불러들였다. 그녀가 가정과 세상을 이어간 방식이었다.

엘리노는 이렇게 프랭클린의 몸이자 머리가 되었다. 그러나 사랑을 얻지는 못했고, 그러고자 하지도 않았다. 프랭클린 옆에는 늘 그를 사모하는 여인들로 넘쳤다. 1945년 그가 뇌출혈로 세상을 버렸을 때, 그의 옆에 있던 이는 엘리노가 아닌 다른 여인이었다. 그녀는 프랭클린을 분노와 슬픔으로 보냈다. 짧은 사랑이 감당하기엔 참으로 긴 동행이었다.

프랭클린이 가고난 뒤, 엘리노는 세상에 온몸을 던졌다. 지금은 너덜해진 유엔이지만, 그녀가 만들어 세운 유엔은 탄탄하고 야심찼다.

| 젊은 시절의 엘리노 루즈벨트와 그녀의 이름을 딴 엘리노 루즈벨트 장미 |

유엔이 무엇인지를 한 문장으로 답하라고 한다면, 내 대답은 「세계인권선언」이다. '사랑받지 못한 여인'이자 '미운 오리' 엘리노가 세상에 남긴 큰 선물이자 축복이다. 그녀가 만들고자 했던 세상에서는 모두 자유롭고 평등하다. 이 말 한마디에 눈물 적시는 이들은 아직 얼마나 많은가.

가슴 뜨거웠던 그녀가 마음속에 품었던 남정네도 있었다. 어느날 그녀의 수행원은 엘리노의 미소가 아름답다고 했다. 그 말이 오랫동안 그녀를 사로잡았다. 호사가들은 이 둘의 관계가 플라토닉했다고 한다. 난 아니길 바란다. 플라토닉하기에 그녀의 미소는 너무나 아름답다. 만인의 연인이기보다는 그녀가 단 한 남자의 '여자'였기를, 그리고 그 남자가 그녀의 '단 하나의 남자'였기를 바란다.

그녀는 떠나고 장미로 남았다. 그 장미의 이름은 엘리노 루즈벨트다.

우리는 조금 불편해져야 한다

버트런드 러셀,
천재의 깃털처럼 무거운 삶

『서양철학사』(1945)로 대중에게 널리 알려진 러셀은 그냥 천재다. 수학, 그리고 인문사회과학 쪽으로는 거의 모든 분야에 팔 걷어 거들었고, 손대는 분야마다 뚜렷한 족적을 남겼다. 언어분석철학의 태두 비트겐슈타인은 러셀이 그야말로 '어둠에서 끄집어낸' 수제자였다. 그의 출판 목록을 보고 있으면 현기증이 난다. 질투를 넘어선, 경이의 현기증이다.

최근에서야 러셀이 중국에 가서 1년 가까이 머물렀다는 걸 알게 되었다. 1920~21년이라 하니, 제1차 세계대전 직후다. 전쟁 동안 열심히 빈전 운동하는 바람에 감옥살이까지 했으니, 영국에 정나미가 떨어졌던 때다. 그래서 러시아에 갔다는 것까진 알았는데, 중국이라니. 게다가 모택동도 러셀의 강의를 들은 적이 있다 했다. 세기적인 사건이 아닌가. 부랴부랴 찾아봤다. 레이 몽크Ray Monk의 러셀 전기를 다시 뒤졌다. 무려 1,500페이지를 넘어가는 두 권짜리다. 색인 중심으로 읽게 되는, 참으로 백과사전 같은 전기다.

정작 내 눈에 들어온 것은 그의 중국 방문이라는 역사적 사건이 아니라 그의 '번잡한 삶'이었다. 러셀은 정부 초청으로 중국에 일 년 정도 있었는데, 처음 몇 개월은 여행, 다음 몇 개월은 본격적 강의, 그리고 남은 몇 개월 동안에는 생사를 넘나드는 병치레를 했다. 활동 기간이 짧았을 뿐 아니라, 그 시기 그의 관심사는 격변하는 세계가 아닌 소용돌이 속의 개인사였다. 그의 삶은 그때 깃털처럼 가벼웠고, 그 가벼움을 넘고자 발버둥치다 보니 삶이 한없이 무거워졌다.

여자 문제였다. 러셀은 24살이 되던 해인 1894년 알리스Alys와 결혼했다. 하지만 10년이 채 지나지 않은 어느 날, 자전거를 타면서 문득 그녀를 더는 사랑하지 않음을 깨닫는다. 20세기가 막 시작된 때였다. 이 깨달음은 곧 행동으로 이어졌다. 수많은 여성과 이런저런 관계를 가진다. 그러다가 1920년 러시아를 방문했을 때, 혁명주의적 페미니스트인 도라Dora에게서 또다른 '운명적인 사랑'을 발견하고, 그녀와 결혼을 결심한다. 마침 이때 러셀은 중국으로부터 초청받은 상태였으니, 두 사람은 자연스레 같이 떠날 계획을 세웠다.

그런데 당시 러셀은 그의 첫 부인 알리스와 법적으로는 여전히 부부였다. 20년 동안 사랑도 만남도 없는, 허울 좋은 부부인 셈이었다. 제도가 문제였다. 당시 영국에는 합의 이혼이 없었다. 상대가 중대한 과

우리는 조금 불편해져야 한다

오를 저질렀다는 것을 충분히 입증해야 이혼 절차에 들어갈 수 있었다. 도라 때문에 마음이 다급해진 러셀은 작전을 꾸민다.

그에게는 러시아에 가기 이전까지 같이 했던 콜레트Colette라는 연인이 있었다. 그녀에게 연락해서 런던의 한 호텔에서 불륜을 '연출'하자고 제의했다. 물론 그녀는 도라의 존재를 알지 못했기에, 러셀이 드디어 자신과 결혼하려는 것으로 생각하고 흔쾌히 응했다. 알리스의 변호사는 이 모든 것을 보고 기록해 두었다. 혹시 미진하지 않을까 걱정하여 러셀은 다른 호텔에서 불륜을 다시 한 번 연출했다. 그녀의 기대는 모멸을 견딜 만큼 컸다.

러셀은 도라와 중국에서 행복했다. 당시 세계를 흔들었던 소비에트 혁명에 대해서 두 사람의 생각은 확연히 달랐으나, 사랑이 곧 '아말감amalgam'이었다.

그러기를 몇 개월, 러셀은 갑자기 심각한 폐렴 때문에 고생하더니 기어코 죽음의 문밖에 서성이게 된다. 의사들도 포기하는 듯했다. 섣부른 일본 언론은 러셀의 사망 소식을 타전했다. 수개월의 사투 끝에 러셀은 살아난다.

죽음과의 전투에서 이긴 그에게는 큰 선물이 기다리고 있었다. 도라의 임신 소식. 러셀이 수십 년 동안 기다려 온 순간이었다. 그는 드디어 수학과 논리와 철학의 형이상학 세계에서 벗어나 세속으로 들어온다. 뛸듯이 기뻐했다. 아이에게 안정적인 보호막을 만들어주어야 한다는 생각에 러셀은 결혼을 더 서둘렀다. 귀국도 서둘렀다.

한편, 러셀의 옛 애인 콜레트는 이 모든 것을 알지 못한 채 러셀의 귀국을 손꼽아 기다리고 있었다. 알리스와의 이혼 절차가 끝나는 대로 그녀는 러셀과 결혼할 것으로 기대했다. 하지만 러셀의 귀국과 함께 그녀도 미몽에서 깨어난다. 마지막까지 당신을 사랑했으나 이제는 더 이상 연락하지 않겠노라는 짧은 편지만 남기고 떠났다.

하지만 이제 러셀의 두 번째 부인이 될 도라는 그다지 행복하지 않았다. 결혼이라는 인습적인 제도에서 벗어나서도 여성은 행복하고 당당하게 살 수 있다고 역설해 온 그녀다. 이제 와서 결혼하고 애를 낳아서 여느 여성처럼 산다면 그녀의 말은 어찌 되는 것이고, 그녀를 따르던 젊은 여성들은 또 얼마나 실망할 것인가. 도라는 결국 러셀과 결혼하지만, 바로 그 순간, 파국은 예비되어 있었다. 늘 그랬듯이, 결혼이 러셀의 자유로운 사랑을 막지는 못했다.

짧은 중국 기행이었지만, 러셀은 중국에 관한 수많은 글을 써냈다. 중국에 대한 조언도 아끼지 않았다. 그가 본 중국은 "힘보다는 대화로 분쟁을 해결하려는, 평화로운 은자隱者"였다. 그는 1970년까지 장수하며 살았으니 힘과 폭력이 난무하는 중국을 보았을 터다. 그러면서 그의 생각도 바뀌어 갔을 것이다.

1920년에 그가 본 것은 중국일까, 아니면 그의 엉킨 삶 속에 투영된 중국이었을까? 그는 새로운 사랑을 위해 도피하고 은둔했고, 거기서 사랑의 평화를 찾으려 했다. 중국의 평화가 짧았듯이, 그의 사랑도 짧았다. 그 이후로도 두 번의 결혼을 더 했고, 마지막 결혼을 했을 때 그의 나이가 70살이었다.

1961년, 그의 나이 89살에 반핵 시위로 체포되어 벌금형을 받았는

우리는 조금 불편해져야 한다

데도 이를 단호히 거부하여 기어코 감옥 생활을 일주일 한다. 그 이후는 자서전을 쓰며 인생을 정리했다. 마지막 결혼은 행복했다고 한다. 더 이상의 새로운 사랑은 없었다. 그의 얘기다.

　모택동은 1920년에 러셀의 정치철학 강의를 듣고, 이에 대한 평을 남겼다. "이론적으로는 그럴듯한데, 전혀 현실성이 없네." 하기야, 러셀의 오류를 온몸으로 입증한 이가 모택동 아닌가. 나는 그의 삶에 대해 평을 남긴다. "그의 깃털처럼 무거운 삶은 이론적으로 가능할진데, 전혀 현실성이 없네, 내게는⋯." 그리고 나도 온몸으로 한번 입증해 볼란다.

노인 헤밍웨이는
바다에서 무엇을 기다렸나

　　　　　　　노인은 바다에서 무엇을 기다렸나. 헤밍웨이의 『노인과 바다』는 글자 하나 뺄 것도 더할 것도 없는, 완벽한 소설이다. 파란만장한 삶을 구비구비 넘어, 50대 들어서야 완성을 보았다. 하지만 진정한 완성은 2년 후에 온다. 세상은 그에게 노벨문학상을 안겨준다. 2차 대전 동안 프랑스에서 조그마한 레지스탕스 조직을 이끌고 마침내 파리를 탈환했던 용맹한 전사가, 드디어 총 대신 펜으로 이룬 성취였다.

　'노인'은 헤밍웨이를 닮았다. 필패의 용사다. "인간에게 패배란 없다. 파괴될 뿐 패배하지는 않는다." 바다가 나를 삼키어 버리는 순간에도 항복하지 않는다는 불굴의 의지, 그리고 확신. "나의 큰 물고기

　　　　　　　　　　　　　　우리는 조금 불편해져야 한다

는 분명 어디엔가 있을 거야." 그런데 인생을 건 그 큰 물고기는 과연 무엇인가? 헤밍웨이는 노인과 함께 바다에서 정말 무엇을 기다렸을까? 잡았으나 얻지 못한 상어일까?

1차 대전과 스페인 내전에 몸을 던지며 평화의 '종을 울리던' 헤밍웨이는 쿠바로 돌아왔다. 그의 마초 기질도 같이 돌아왔다. 술, 낚시, 여자가 곧 그의 삶이었다. 그의 펜은 부러진 채 책상 위에 뒹굴고 있었다. 1942년 즈음, 다시 전운이 감돌았다. 독일의 그 악명 높은 잠수함, 유보트U-boat가 미국 근해에 접근해서 호시탐탐 공격 기회를 노린다는, 소문도 아닌 첩보도 아닌 얘기가 떠돌았다. 역전의 용사가 도저히 묵과할 수 없는 일. 그래서 헤밍웨이는 분연히 떨쳐 일어난다. 게다가 나의 바다에서 평화가 위협받는 일이니, 다혈질의 헤밍웨이는 바로 행동에 나선다.

먼저 작전을 짰다. 잠수함이라도 물이랑 생활필수품이 필요하다. 그러니 미국 근해에서 장기 작전을 진행하는 중에 언젠가는 뭍 위로 올라와서, '보급 투쟁'을 할 것이다. 이때를 노려야 한다. 이걸로 작전 완성. 둘째, 어떻게 공격할 것인가? 헤밍웨이는 그간 쌓아온 모든 인맥을 총동원하여 정보기관, 대사관, 해군을 움직이려 한다. 하지만 이들은 헤밍웨이의 애국심을 높이 산다며 입술만 움직일 뿐 행동하지 않는다. 그래서 헤밍웨이는 탄식하며 결자해지. 자신의 사랑하는 배, 필라Pilar를 '군함'으로 개조한다. 쿠바 대사와 해군에 압력을 넣어서 바주카포, 총 등을 공급받는다. '완전무장'한 그의 배는 음흉한 독일 잠수함을 찾아 나선다. 주위에선 만류다. 그런 것 없고, 있다 하더라도 여기까지 오지 않으니 잊으라 한다. 하지만 헤밍웨이는 '노인'처럼 불굴의 의지로 바다 위를 떠다닌다. "나의 큰 물고기는 분명 어디엔가 있을거야." 그제서야 안다. 바다 위에서는 의지와 만용은 가까운 친구다. 독일 잠수함은 찾지 못하고, 노인처럼 그도 지쳐서 쿠바로 돌아왔다. 세 번째 아내가 떠나버리고 텅 비어버린 집으로 돌아왔다.

그의 '영웅적' 투쟁은 자충수였다. 보트를 무장시키면서 그는 미국 정보기관과 밀접한 관계를 가지게 된다. 공산주의자와 파시스트를 색출하는 작업을 진행했다. 그 와중에 FBI와 신경전도 빈번했다. 그 악명 높은 후버에게 딱 찍혔다. 헤밍웨이는 007처럼 살고 싶어 하나, 불행히도 그럴 능력이 없다는 것이 후버의 생각이었다. 1980년대에 공개된 헤밍웨이에 대한 FBI 파일에는 노벨문학상 수상자의 일그러진 자화상이 고스란히 드러나 있다. 소련 KGB와도 연루되었다는 얘기도 나오기 시작했다.

『노인과 바다』를 쓴 지 10년이 채 되질 않아 헤밍웨이는 자살한다. "인간에게 패배란 없다. 파괴될 뿐 패배하지는 않는다."고 단언한 그가, 마침내 패배를 인정했다. 사람들은 오랫동안 이해하질 못했다. 최근에야 그가 1950년대 이래로 끊임없는 도청과 감시의 대상이었다는 것이 드러났다. 헤밍웨이는 그걸 알고 심각한 정신질환을 겪었다. 친구들에게도 호소했다고 한다. 하지만 그들은 헤밍웨이의 '유보트 색출 작전'만 떠올렸다.

헤밍웨이는 그렇게 '패배'했다. 그가 찾던 '나의 큰 물고기'는 바다에 있질 않았다. 바로 그의 등 뒤에 있다는 걸 알지 못했다.

조지 오웰과의
대화

정초부터 시작된 조지 오웰과의 긴 대화가 오늘 끝났다. 마지막 여정은 그의 일기장이었다. 좀 심심했다. 꼼꼼하다 못해, 닭이 낳은 계란 숫자와 판매 대금까지 기록해 두었다. 술과 담배, 그리고 거친 운동과 무모한 모험을 즐기던 자의 일기장에 계란과 양파 숫자라니…. 문득 양계장을 참으로 경제적으로다가 사랑했던 김수영 시인이 떠올랐다.

오웰의 대표 저작이 『동물농장』과 『1984년』이지만, 이 책들이 나올 즈음에 그는 이미 굴곡진 삶에 어쩔 줄 몰라하는 평범한 소시민이었다. 『동물농장』이 출간되었던 1945년 8월은, 시인이었던 아내를 6개월 전에 잃고 오웰이 슬픔과 괴로움에 영혼마저 흔들릴 때였다. 살림살이도 그다지 넉넉지 않았고, 괴팍한 성격에 걸맞은 생활 덕분에 건강도 나빠지기 시작했다. 백석 시인이 해방 직후 신의주로 들어가 느꼈던 그런 심정이었으리라.

> 어느 사이에 나는 아내도 없고, 또,
>
> 아내와 같이 살던 집도 없어지고,
>
> 그리고 살뜰한 부모며 동생들과 멀리 떨어져서,
>
> 그 어느 바람 세인 쓸쓸한 거리 끝에 헤매이었다
>
> ─「남신의주 유동 박시봉방」 중에서

1948년에 쓰인 시니까, 서쪽에서는 조지 오웰이, 동쪽에서는 백석이 냉전이라는 파고 앞에서 인간적 외로움 앞에 속수무책이었던 셈이다. 오웰은 "바람 세인 쓸쓸한" 바닷가에 거처를 마련한다. 그리고 필사적으로 사랑을 찾아 나선다. 『동물농장』이 대히트를 치는 동안, 그는 옆집 아가씨에게 가망 없는 사랑을 구했다. 결과는 처참했다. 너무 모욕적이었을까? 신주단지처럼 여기며 계란 숫자도 기록해 두던 그의 일기장에 이 시기만은 공란으로 남아 있다.

병이 깊어지고 마음도 같이 힘들어졌다. 오웰은 100명이 넘는 친공산주의적 필자들의 명단을 작성해서 영국 정부에 넘겼다. 스탈린주의에 대한 그의 증오가 극에 달했을 때였다. 심지어 몇몇은 오웰의 개인적인 감정 때문에 명단에 오른다. 호모 경향이 있다는 것도 이유로 등장했다. 이게 이른바 '오웰 리스트'다.

우리는 조금 불편해져야 한다

『1984년』 집필에도 몰두했다. 그때 뜻하지 않게 사랑이 찾아온다. 소니아 브라우넬Sonia Brownell이 나타나 지극한 병간호를 한다. 요양소에서의 긴 생활도 덕분에 잘 견디었다. 그리하여 1949년에 『1984년』이 완성된다. 하지만 이렇게 헌신적인 사랑과 불후의 명저를 모두 얻었을 때, 오웰은 건강을 잃게 된다. 출간 후 얼마 지나지 않아 그가 세상을 떠난다. 그의 새로운 사랑, 소니아와 결혼한 지 꼭 3개월만이었다. 오웰 부부를 위해 친구들이 준비해 둔 스위스 요양 계획도 결국 이루어지지 못했다.

그가 남긴 마지막 저작 『1984년』은 대표적인 반공산주의 저작. 그래서 냉전의 도래와 함께 '국민적' 베스트셀러가 된다. 미국의 매카시도 열광적으로 인용했다. 조지 오웰 입장에서는 억울한 일이다. 그는 소비에트식 공산주의를 반대했고, 그렇게 함으로써 "인간의 자유가 녹아 있는 사회(민주)주의"를 위한 공간을 열려고 했던 것뿐이었다. 그러나 오웰에게는 이런 걸 설명할 시간이 주어지지 않았고, 그는 서둘러 세상을 떠났다. 지구의 반대편에선 그때쯤, 살아 있는 자도 지워진다. 백석은 멀쩡히 신의주에서 '외롭게' 살아 있었으나, 남한에서는 이미 죽은 인물이 되었던 때였다.

이제 조지 오웰의 책을 덮는다. 마지막으로 그가 태어난 연도를 확인해 본다. 만 나이로 46세에 떠났다. 김수영도 그 나이에 떠났다. 나도 이제 만 46세가 되었다. 여긴 소주가 없으니, 맥주나 한잔 해야겠다.

오웰과 스위프트:
소소한 대화

　　　　　　조지 오웰은 방송인이기도 했다. 영국공영방
송BBC에서 꽤 오랫동안 라디오를 통해 시사적 문제를 다루었다. 개인적
으로는 그의 얼굴에 '개그' 기운이 느껴져서 TV에서 활약할 수도 있었
겠다 싶다. 물론 가끔 그의 인생 자체가 개그이긴 하다. 『위건 부두로 가
는 길』에서 노동자의 궁핍한 삶을 생생하게 그려낸 그이지만, 정작 이들
과 함께 어울려 술 한잔 나누는 것조차도 무지 싫어했다 한다. 좋게 보자
면 인간적이고, 나쁘게 보자면 위선적이겠다. 아마도 진실은, 이 양반을
그런 잣대로 평가해 보려는 호사가적인 노력의 부질없음이 아닐까 싶다.
　오늘 조지 오웰이 남긴 방송 대본을 죽 넘겨보니, 재미있는 꼭지가
하나 있다. 『걸리버 여행기』의 저자인 조나단 스위프트와의 가상 대담

이다. 방송 날짜는 1942년 11월. 눈이 번쩍했다. 이젠 많이 알려진 일이지만, 『걸리버 여행기』는 사실 꿈을 키우는 아이들에게 읽힐 책이 아니다. 인간과 인간의 제도에 대한 혐오로 중무장한, 철저한 비관주의의 책이다. "인간이라고 불리는 동물을 혐오하고 증오한다."고 선언한 장본인이다. 명색이 신학 박사이고 더블린에서 성당 하나를 맡고 있는 처지라 '성자들'은 물론 혐오 대상에서 뺐다. 걸리버는 그 길고 험한 여행 끝에 '인간의 나라'에 마침내 도착하지만, 인간을 멀리하면서 인간보다는 이성적인 '말'과 마굿간에서 여생을 보낸다.

2차 대전이 절정에 도달했을 때였다. 조지 오웰이 조나단 스위프트를 끌어오지 않을 수 없었다. 두 양반 모두, 당대의 독설가인지라 가상 대담이 팽팽한 신경전이다. 오웰은 스위프트에게 치근덕대듯이 묻는다. 걸리버 여행기가 나온지 200년이 지났는데, 지금은 그래도 인간이 믿을 만하지 않은가, 기술도 진보하고 사회도 진보하지 않았는가? 스위프트는 한마디로 백도 없다는 식이다. 진보'? 물론 양적으로 했다. 예전에는 몇 천 명 죽이더니, 요즘은 몇 백만 명 죽이던데, 이건 진보? 이런 식의 야유가 계속된다. 그러면서 선언한다. 『걸리버 여행기』에 나오는 모든 구절은 여전히 유효하다. 가령 이런 장면이다.

『걸리버 여행기』에서 인간의 형상을 가지고 참으로 인간적으로 행동하는 종족이 야후Yahoo다. 이들을 다스리는 이성적인 부족이 있으니, 말의 형상을 한 휴이넘Houyhnhnm 족이다. 휴이넘 족이 보기에 야후 족이 살아가는 방식이 참으로 가관이다. 스위프트는 자랑스럽게 이와 관련된 핵심 구절을 인용한다.

야후 부족에는 꼭 지도자라고 하는 놈이 하나씩 있어. 신기하게도 이 놈은 다른 놈들보다도 생긴 게 기괴하고 행실도 사악하단 말이야. 또 이 지도자 밑에는 자신이 총애하는 애가 하나 꼭 있는데, 하는 일이라곤 주인 엉덩이를 핥거나 여자들을 데려다가 주인 앞에 무릎 꿇리는 거지. 그러면 주인이 고기 덩어리를 던져준다구. 당연한 얘기지만, 모든 부족민들은 이 충복을 증오하지. 그렇기 때문에 늘 지도자 옆에 꼭 붙어 지내려고 해. 하지만 자기보다 더 악질적인 놈이 나타나면, 보통 물러나야 되지. 이렇게 바로 팽을 당하는 순간, 부족민들은 남녀노소 할 것 없이….

그 순간, 오웰은 스위프트를 말린다. "제발 그 부분은 빼 주세요." 방송인의 본분을 찾겠다는 것이겠다. 궁금하지 않을 수 없다. 방송 검열에 걸린 부분이 무엇인지 찾아 보았다. 그 마지막 구절은 이렇다. "(남녀노소 할 것 없이) 몸소 나와서 그놈에게 똥을 싸버려. 머리부터 발끝까지…."

이 방송이 나간 지 70년이 지났건만, 요즘 들어 무척 조나단 스위프트가 그립다. "이제는 더 이상 분노가 내 심장을 찢지 않으리라."는 묘비명을 손수 쓸 만큼 평생 분노하며 지쳐갔던 그에게 미안한 일이지만, 그가 꼭 들러봐야 할 나라가 하나 있다. 『걸리버 여행기』에서 야후족에 쏟아 냈던 야유가 필요한 나라가 하나 있는데, 어찌 안될까…. 연락 주면, 그때 어떤 나라인지 알려주리라. 더블린 무덤에서 잠시, 아주 잠시만 나오시라.

우리는 조금 불편해져야 한다

스위프트의 '걸리버'가
세상 속으로 여행하다

　　　　　　출장 가는 길에 가져갈 책이 마땅치 않으면 조나단 스위프트의 『걸리버 여행기』를 챙겨 간다. 이 책은 여행기가 아니다. 저만 잘났다고, 그게 문화이고 전통이라고 우겨대는 유럽의 모든 인간들에 대한 똥침이다. 시대 풍자극이다. 여행기 아닌 여행기가 나온 지 3세기가 지났지만, 세상은 물리적 시간만큼 빨리 변하질 않는다. 낯선 나라에 가는 길에 읽어 보면 매번 느낌이 다르다.

　　『걸리버 여행기』에는 유난히 '민생고'에 관한 얘기가 많다. 소인국에 잡혀 꽁꽁 묶여 있을 때, 첫 '똥'을 어떻게 해결했는지를 참담하면서도 세세히게 기록하고 있다. 서문에서 스위프트는 이 김이 침으로 죄송하다고 미리 양해를 구한다. 양해를 구하는 말이지만 뻔뻔하게 들린다. 그의 여행기는 똥 천지다. 인간의 형색을 한 야후라는 형편없는 종족들의 경우, 왕의 '똥꼬'나 핥고 있는 세력가들이 그들보다 더한 '똥꼬 전문가'들에게 밀려 팽을 당하면, 야후의 시민들이 그들의 "얼굴에 똥 쳐바른다". 이를 묘사하는 방식이 유려하고 세세한지라 식사 전후로는 피해야 할 책이다.

소인국에서 걸리버가 밧줄에서 벗어나 자유를 얻게 되었던 결정적 계기는 걸리버가 적대 관계에 있는 '이웃 국가'에 몰래 침입해 수십 척의 배를 소인국으로 끌고 온 것이다. 다들 기억하시나? 동화책에서 늘 멋지게 한 페이지 장식하던 장면. 그런데 이 나라들이 왜 싸웠는지는 기억하시나?

달걀 때문이다. 일찍이 달걀을 어떻게 깨어야 하느냐를 두고 두 가지 학파가 있었으니, 한쪽에서는 달걀의 긴 쪽으로 깨어야 한다고 했고, 다른 한쪽은 마땅히 짧은 쪽이어야 한다고 했다. 소인국은 여차여차하여 '짧은 쪽' 학파가 집권하였고, '긴 쪽' 학파의 생각을 불법이라 했다. 하지만 '긴 쪽' 학파의 신념은 생명과 맞바꿀 수 있는 것이었던지라, 결사 투쟁이 있고 쿠데타 시도가 있었다. 번번이 실패했지만, 그런 이들은 바로 바다 건너에 있는 섬으로 피하고, 거기에 임시정부를 세웠고 이내 번듯한 나라가 되었다. 그래서 이제는 공공연히 정벌에 나서겠다 했다. 이 와중에 걸리버가 나서서 소인국을 돕고 나섰으니, 블레프스쿠라 불리는 이 나라는 절대절명의 위기에 처했다.

걸리버의 손쉬운 승전보에 기세가 오른 소인국은 이 참에 아예 이 나라를 식민지로 만들고 '짧은 쪽' 교리를 강제하려고 했다. '짧은 쪽'

으로 세상의 교리를 통일해야 한다 했다. 그러나 걸리버는 반대했다. 자유로운 인간을 노예로 만드는 일에 몸을 바칠 수는 없음을 정의의 이름으로 주장했다. 그 대신, 강화조약과 평화를 권했다. 블레프스쿠의 평화사절단도 불러들였다. 그러자 그를 영웅시 해왔던 소인국은 돌변한다. 그가 '반역죄'를 범했으니, 죽음으로 벌해야 한다고 했다.

그간의 칭송은 곧 비난으로 돌변했다. 왕비의 궁에 큰 불이 나자, 걸리버가 부랴부랴 폭포같던 오줌발로 진화해서 큰 칭송을 받았던 일은 이제는 "소변 홍수로 인해 국가 안보가 상시적으로 위협받을 수 있음"을 보여주는 예가 되었다. 국방장관의 주장이었다. 밤새 블루네크(라틴어로 '강')라는 와인을 먹고 밤새 소변을 참았던 게 천만다행이라고 생각하고 있던 걸리버에게는 날벼락이었다. '많이 먹고 일 잘하는' 거인은 졸지에 '식충'이라는 비난을 받았다. 배급을 서서히 줄여서 굶어 죽이자는 주장도 나왔다. 경제장관의 주장이었다. 무슨 영문인지 왕비와의 염문설도 나왔다. 생명의 위협을 느낀 걸리버는 그렇게 소인국을 탈출한다.

자, 이 모든 것이 닭에서 시작되었으니, 소인국의 평화를 위해서는 달걀을 없애면 되겠다. 김수영 시인도 생활고를 덜어 보겠다고 닭을 키웠으나, 결국 닭 키우느라 생활이 더 팍팍해졌으니… 그래 닭을 없애자. 그러면 자영업자에게 헛된 희망을 잠시 주고 긴 고통을 주는 통닭집도 없어질 것 아닌가. 참으로 쉽도다… 쉬워… 휴우.

단두대 위의
마가렛 대처

　　　　　스미스The Smiths라는 밴드의 '주모' 역할을
하다가 혼자 살림을 차린 모리시Steven Morrissey. 영국이 시도 때도 없
이 자랑하는 가수, 그러나 그건 내 알 바 아닌, 그래서 사실 난 잘 모르
는 그런 가수다.

　내가 그나마 들어본 노래가 「매일 일요일Everyday is Sunday」이다. 매
일 일요일처럼 놀아서 신난다는 노래인 줄 알았다. 일요일 다음이 일
요일 아님을 참으로 발랄하게 알려 주는 '일요일이 다 가는 소리'라는
노래에 익숙해진 내게는 '매일 일요일'이라는 인식론적 대전환이 고맙
기까지 했다.

　그러나 아주 많은 시간이 지난 후에 누가 알려 주었다. 휴가 시즌이

　　　　　　　　　　　　　　　우리는 조금 불편해져야 한다

지나 버려진 바닷가에 마치 아마겟돈이 오는 듯한 음습한 모습을 참혹하게 묘사한 노래라고. 말하자면 내 짧은 영어의 경계 밖에 있는 그런 노래였다. 그 이후론 물론 안 들었다. 고백컨대, 자존심이 상했다.

맨체스터 출신들이 대부분 그렇지만 모리시는 1980년대 영국을 떡 주무르듯이 한 '철의 수상' 마가렛 대처를 증오했다. 2013년 봄에 그녀가 죽었을 때도 원자 크기 만한 측은지심도 내어 줄 수 없는 악의 화신이라고 퍼부어댔다. 거리에서는 '경사났네' 하며 축제를 벌이는 이들도 있었다.

내가 아무리 그들처럼 치즈를 같이 우걱거리며 먹고 산 지 어언 20년이 되어 가지만, '죽은 마당에 이럴 것까지야' 하는 의구심이 생기는 건 어쩔 수 없었다. 다행히 싸가지 없는 놈이라는 생각까지는 들지 않았는데, 이건 그나마 이제 내 몸속에서 반쯤 DNA로 굳어진 치즈의 힘 덕분이라 자위했다.

그때 알았다. 대처에 대한 모리시의 증오는 곧 그의 역사이고 몸이었다. 그리고 그 주체할 수 없는 증오를 고스란히 노래로 녹여 내었다. 대처의 권력이 정점에 다다른 1988년, 그의 첫 번째 싱글 앨범이 나온다. 그 앨범의 마지막 노래는 대처에게 바쳐졌다. 제목은 기름기를 쫙 뺀 액면 그대로다.

부드러운 기타 선율에 맞추어서 그는 속삭이듯이 이렇게 노래한다, 목소리를 단 한 번도 높이지 않는다.

착한 사람들은 멋진 꿈을 꾼다네/ 단두대 위의 마가렛/

너 같은 사람은 우리를 너무 피곤하게 해/

언제 죽을 거니/ 언제 죽을 거니/

너 같은 사람 때문에 우리 속은 늙어가네/ 제발 죽어줘/

착한 사람들은 이런 꿈을 숨기지 않지/

그걸 현실로 만드는 거야/ 그 꿈을 이루어 내는 거야/

현실로 만들어 버리는 거야

– 「단두대 위의 마가렛 대처Margret on the Guillotine」

영국 경찰은 비밀리에 조사에 들어간다. 혹시나 모리시가 정말로 대처를 죽이려고 하는지 걱정한 것이다. 1980년대 중반에는 「여왕은 죽었다」는 제목이 달린 앨범도 냈으니, '여왕도 죽인다는데 수상 정도야…' 이런 걱정을 했을 것이다. 하지만 체포로 연결되는 불상사는 없었다. 물리적 위협이 없는 예술적 행위로 봤다는 얘기겠다. 게다가 대처는 그 이후 무려 25년 이상을 더 살았다.

'죽어라, 죽이겠다.'를 예술적으로 표현한 모리시는 대처가 죽은 그해에 자서전을 냈다. 나도 살다 보니, 살아 있는 가수의 자서전을 읽는다. 그가 궁금해진 탓이다. 펭귄 출판사 고전 시리즈로 나왔다. 역사적으로 손꼽히는 고전들만 실리는 그 시리즈로 꼭 출판해야 한다고 모리시가 땡고집을 부렸다고 한다.

우리는 조금 불편해져야 한다

브라질 축구,
가린차

브라질에서 축구는 '푸테보우Futebol'다. 그럴듯하게 포르투갈어로 번역할 법도 한데, 굳이 어정쩡한 영어식 외래어를 썼고, 그렇게 정착했다. 축구 수입과 그 극복의 역사를 기억하려는 고집일 테다.

브라질 축구는 '예술 축구'다. 현란한 드리블이 그 정점에 있다. 하지만 그 예술은 고통과 가난에서 나왔다. 천신만고 끝에 1822년에 독립했지만 여전히 식민지의 유산이 짙게 드리운 브라질에 스코틀랜드인이 축구를 수입했다. 1870년 즈음이었다. 신기하기만 했던 브라질 사람에게는 공도 없고 축구장도 없었다. 헤이긴 양말을 똘똘 말아서 길거리에서 찼다. 바닥도 고르지 않고 규칙도 없으니 '창조적'으로 축구를 했다.

　제법 잘하는 이들이 나오자 백인들과 축구할 일이 생겼다. 식민지
경영의 노곤한 삶에 지친 백인들에게는 제법 흥밋거리였다. 그렇다고
지는 걸 좋아할 리 없었다. 브라질 선수가 백인 몸에 조금이라도 부딪
치는 일이 있으면 규칙보다 주먹이 앞섰다. 그래서 브라질 거리축구
선수들은 백인들과 접촉하지 않고, 공을 요리조리 몰고 다니는 게 상
책이라는 걸 알게 된다.

　유럽인처럼 지저분하게 밀고 당기지도 않으면서, 현란하게 마치 삼
바를 추는 듯 공을 다루는, 그 예술 축구가 그렇게 생겨났다. 백인들
에게 두들겨 맞거나 보복당하지 않으면서, 이길 수 있는 방법이었다.
그들에게 축구는 곧 식민 착취였고, 동시에 착취에 저항하는 몸부림
이었다.

　브라질 사람들이 꼽는 최고의 축
구 선수는 펠레가 아니다. 가린차
Garrincha다. 1950년대와 60년대에
펠레와 브라질의 영광을 이끌었던
선수다. 여느 선수처럼, 가난한 노
동자 가족 출신이다. 게다가 '불구'
가 된 다리를 가졌다. 오른쪽 다리
는 안쪽으로, 왼쪽 다리는 바깥쪽
으로 휘었다.

　축구할 만한 몸이 아니겠다. 하

| 가린차의 휘어진 다리 |

지만 역설적이게도 이런 다리 덕분에, 그가 공을 몰고 가면 상대방은 그가 어느 방향으로 갈지 예측하는 게 불가능했다. 뒤뚱거리며 공을 몰고 가는 가린차를 어이없이 놓치고, 허망하게 그의 뒷모습도 보아야 했다. 폭소, 흥분, 이 모든 것을 관중에게 선사했다. 온 국민이 그를 사랑했다.

하지만 축구는 착취의 여신이다. 가린차를 내버려 두질 않았다. 수많은 여인들이 그를 따랐고, 그도 마다하질 않았다. 결혼도 했으나 순탄치 않았고, 태어난 애들마저 애꿎은 운명을 맞았다. 술은 그의 친구가 되었고, 과음은 일상이 되었다. 이 모든 것에 끝이 있기 마련. 가난과 병고. 그는 결국 술에 쓰러진다. 그의 나이 겨우 50살 즈음에. 그는 축구를 사랑하고 정복했으나, 인생에는 속수무책이었다.

그의 장례식에는 수많은 사람들이 몰려나왔다. 그의 찬란하고도 비참한 인생은 카니발 같은 인생을 살아가는 모든 브라질 사람에게 너무나 친숙한 것. 그 친숙함이 모두를 울렸다. 플래카드가 내걸렸다. '당신은 세상의 모든 이들을 웃게 하더니, 이제 우리 모두를 울리는군요.' 그들은 그의 죽음을 탄식하며, 또 자신의 삶을 탄식했다. 그렇지만 축구는 계속되었다.

다시 축구가 브라질을 울린다. 세계의 축구 축제인 월드컵(2014년) 때문이다. 축구로 살아가는 브라질 사람들이 축구의 이름으로 이루어지는 부패와 착취에 저항하며, 연일 거리를 점거한다. 그들이 사랑하는 축구 스타디움까지 봉쇄했다. 그 옛날 식민지 시절에도, 백인들을 요리조리 농락하며 압도하기는 했으나, 축구장을 막지 않았다. 그 엄혹한 시절에도 예술 축구를 만들었다.

하지만 부패와 무능 그리고 낭비의 상징이 된 축구장은 이제 그저 콘크리트 덩어리일 뿐이다. 그래서 불태우고 봉쇄한다. 축구는 다시 한 번 착취의 상징일 뿐. 또, 그래서 아마도 지금, 많은 브라질 사람들이 가린차를 떠올릴 것이다. 부패의 상징이 된, 또다른 축구 영웅 펠레를 보면서….

백석은 노래했고
자야는 살아갔다

　　백석은 천재이자 '얼짱'이다. 그에 대한 평
전을 학생 시설부터 전국 백일상을 싹쓸이했다는 안도현 시인이 썼
다. 그가 백석을 사랑하고, 나는 이 둘을 모두 사랑한다. 서둘러 책을
샀다. 그리고 지리산으로 가는 버스 안에서 읽었다.

　기대가 너무 컸던 것일까. 아니며 흔들리던 버스 안에서 먹었던 "가
난하고 외롭고 높고 쓸쓸한" 호떡 때문이었을까. 내용은 울창했지만
구성은 아쉬워서 "호젓한" 숲을 만들지 못했다. 시를 통해 백석의 삶
을 추적하는 듯하다가도, 다소 답답하리만큼 지루한 시평론이 나왔
다. 몇 페이지에 걸친 인용문두 더러 나온다 당황스러워고 집중하기
가 쉽지 않았다.

책을 덮고 나니, 잔상에 남는 것은 백석이 아니었다. 그가 가장 사랑했다는 연인, '자야'였다. 백석의 시 「나와 나타샤와 흰 당나귀」에 나오는 나타샤가 곧 자야다. 통영의 여인을 어이없이 친구에게 빼앗긴 후, 백석에게 기적처럼 나타난 여인은 기생 출신 자야였다. 사랑은 깊었으나, 기생 출신과 결혼할 엄두를 내질 못했다. 집에서 권한 몇몇 처자와 결혼을 억지로 하지만, 백석은 매번 자야에게 돌아왔다. 그렇다고 '봉건적 신분 질서'에 항거하며 자야와의 결혼을 불사하는 용기를 내진 못했다.

그는 그저 시인일 뿐이었고, 그가 한 것이라고는 시를 쓰는 것뿐이었다.

나타샤와 나는
눈이 푹푹 쌓이는 밤 흰 당나귀를 타고
산골로 가자 출출이 우는 깊은 산골로 가 마가리에 살자.

산골로 가는 것은 세상한테 지는 것이 아니다.
세상 같은 건 더러워 버리는 것이다.

하지만 그는 그 더러운 세상을 버리지 못하고 술집을 전전했다. 그 방황의 끝은 항상 그의 '흰당나귀' 나타샤였다. 그래서 그의 시 마지막 구절, "아름다운 나타샤는 나를 사랑하고 / 어데서 흰 당나귀도 오늘 밤이 좋아서 응앙응앙 울을 것이다"는 에로틱하면서도 쓸쓸하다.

우리는 조금 불편해져야 한다

결국 백석은 자야를 버린다. 하지만 자야는 백석을 버리지 아니한다. 유력 정치인들이 사랑해 마지않았던 요정 대원각의 '마담'이 되었다. 수많은 유혹에도 불구하고 '백석의 여인'으로 남으려 했다. 사랑과 추억 때문만은 아니었을 게다. 백석을 빼고나면, 그녀의 삶에는 빛나는 별조차 하나 없어질 터이니, 그저 '세상한테 지지' 않으려고 백석에 매달렸으리라. 비극적 사랑의 추억은 세월의 무게만큼 강고해진다. 백석과의 사랑을 책으로 기록하고, 백석문학상을 만들었다. 백석의 생일에는 아무것도 먹지 않았다. 허허로운 추억만 가득한 세상을 떠날 때, 그녀의 법명을 따라 지은 길상사를 남겼다. 천문학적인 재산을 남겼으나, 그녀는 "1,000억의 재산도 백석의 시 한 줄만 못하다."고 했다. 오로지 '백석의 연인'으로 남았다.

자야의 사랑은 이렇듯 백석보다도 더 "가난하고 외롭고 높고 쓸쓸"했다. 백석이 그저 종이에 적어둔 삶을, 자야는 그렇게 온전히 살아냈다.

마종기,
멀리서 바라보기

멀리서 바라본 한국은 그리움이지만, 안에서 바라본 한국은 낯설다. 서점에 달려가 마종기 시전집을 구해서 읽는다.

마종기는 미국에서 의사 생활하면서 담백한 한글을 구사해 온 '디아스포라'의 시인이다. 이젠 의사 직업에서 퇴직하고 전업 시인이 되었고, 한국에도 자유로이 드나들 수 있게 되었다. 수십 년만의 꿈을 이룬 셈이다. 하지만 그는 여전히 디아스포라 시인으로 남으려 한다. 몇 년 전, 현대문학상 수상 소감에서는 한나 아렌트의 경구, "모든 디아스포라들은 의식적으로라도 피차별자의 위치에 섰던 이들의 삶을 상기하며 살아야 한다."를 떠올렸다. 그리고 선언했다. "민주주의를 부르짖

우리는 조금 불편해져야 한다

던 고국의 많은 문학인이 언제부터인가 완고한 국수주의나 민족주의를 열망하는 것에 나는 갈등을 느낀다. 나는 피차별자가 희망하는 열린 공동체의 의미를 늘 꿈꾸며 나머지 삶을 한국의 디아스포라 시인으로 살아갈 것이다." 어쩌면 그가 전업 시인이 되면서 보게 된 조국은 그가 열렬히 바라보았던 나라가 아니었을지 모른다. 그의 사랑은 변하지 않았으나, 그 사랑을 받아 줄 그녀가 없다. 그가 그랬듯이, "지나간 사랑은 신경통이다"(「6월의 형식」).

나는 그가 왜 미국으로 가게 되었는지가 오랫동안 궁금했다. 미래가 보장된 의사가 아니었던가. 오늘에서야 그 아픈 역사를 알게 되었다. 그는 1965년 군의관으로 근무하고 있던 중에 한일 국교정상화를 반대하는 서명을 했다. 명색이 군인 신분이었고, 때는 바야흐로 서슬 퍼런 군부 독재 시절이었다. 그는 정보부에 끌려갔고, 십여 일 동안 모진 고초를 당했다. 결국 풀려나긴 했으나, 이 또한 조건부였다. 한국을 떠나겠다는 구두 약속을 했다 한다. 때마침, 아동문학가인 아버지의 형편없는 경제력 탓에 집안 살림도 어려웠다. 그리하여 그는 "아버지의 원고료에 언제까지고 의존할 수 없어 담배 열 갑 값인 500원을 월급으로 주던 한국 병원을 마다하고 담배 2,000갑짜리 월급을 주는 미국 병원"으로 떠났다. 아버지를 돕자고 나선 길이었지만, 그가 떠난 지 3개월 만에 아버지는 세상을 버린다. 단 50달러만 들고 홀홀단신으로 미국에 간 그는 부고에도 한국에 오질 못했다. 떠남의 이유가 불투명해진 유랑 생활의 시작이었다.

물론 외국에 그리 오래 있을 생각은 아니었다. "외국은 잠시 여행에

빛나고/ 이삼 년 공부하기 알맞지/ 십 년이 넘으면 외국은/ 참으로 우습고 황량"한 법(「나비의 꿈」). 하지만 그의 발목을 잡은 것도 집안 살림과 정치였다. 어느 한국 대학에서 그를 불러들였을 때 그는 금방이라도 짐을 부릴 태세였다. 그러나 바로 그때 한국일보에서 일하던 동생이 정치 탄압으로 해직되어 미국으로 와야 할 형편이었다. 어머니 또한 처지가 마땅치 않아 미국으로 왔다. 졸지에 대가족의 살림을 떠맡아야 했다. 게다가 "막상 귀국을 하자니, 귀국을 안 하겠다고 다짐했던 그 옛날 정보부와의 구두 약속까지 나를 겁먹게 했다"(에세이집 『당신을 부르며 살았다』).

시인의 발목을 잡았던 동생은 시인의 영혼마저 송두리째 흔들게 된다. 1994년, 동생은 자신이 운영하던 가게에서 흑인 강도의 총에 맞아 비명횡사한다. "이제 너는 죽고 나는 네 죽음을 시쓰고 있구나." 하며 한탄하면서, 시인은 죽음의 시를 쓴다. 자신의 시 중에서 가장 긴 시를 쓴다. 시의 마지막은 타국에 홀로 남은 애처로운 적막함이다.

새 한 마리 작은 나뭇가지에 앉았습니다.
나뭇가지 작게 흔들리기 시작합니다.
새가 날아가버린 후에도 나뭇가지는
아무것도 모르고 아직 떨고 있습니다.
나뭇가지 혼자 흐느껴 우는 것 같습니다.
남아 있는 풍경이 혼자서 어두워집니다.

우리는 조금 불편해져야 한다

그가 어두워진 풍경에 홀로 남아 오랫동안 울고 있는 동안, 동생을 죽인 범인은 사형 선고를 받았다. 하지만 그는 한 죽음에 대한 울음을 거두고, 다른 목숨을 지키려고 나선다. 범인의 사형 집행을 정지해 달라는 탄원서를 조카와 함께 냈다. 그는 독실한 가톨릭 신자이다. 또한 동생이 죽기 오래 전에 시를 통해 내뱉었던 외침, "하여튼 사람이 사람을/ 죽이는 것은 반대다"(「유태인의 목관 악기」)를 실천한다.

의사 마종기는 한국에 돌아올 수 있었겠다. 하지만 시인 마종기는 돌아오지 못한다. 몸은 한국에 있어도, 수많은 독자들이 그를 반겨도, 조국은 "언어의 조국"일 뿐. 그의 눈은 국경 없는 하늘 어딘가를 보고 있을 터이다. "밤새껏, 착하고 신기한 별밭을 보다가" "내 아버지와 죽은 동생의 얼굴을 보고 반가운 이야기"를 나누면서…. (「별, 아직 끝나지 않은 기쁨」) 그래서 그의 운명은 '한국의 디아스포라'라는 역설이다.

오랜만에 한국을 찾은 나도 오늘 밤에는 압구정동 여름 하늘에서 별밭을 찾아보아야겠다. 별이 콘크리트 블록에 솟아나는 듯한 이곳에서 그 '착하고 신기한 별 밭'을 찾아봐야겠다.

황현산,
새로운 기억

　　며칠 끙끙 앓았다. 사지는 멀쩡했지만, 머리와 팔은 파업을 선언했다. 직업 정신을 발휘하여 파업권을 인정했다. 좋은 점도 있었다. 머리와 팔이 기민하게 움직이면, 책을 끝까지 집중해서 읽기 힘들다. 그 놈들이 파업했으니, 전화기와 컴퓨터가 멀어지고, 그리하여 나는 오직 책 한 권만 바라볼 수 있게 되었다.

　　그 책은 황현산의 『밤이 선생이다』. 사둔 지는 꽤 되었는데, 무슨 연유인지 좀체 진도가 나가질 않았다. 잡생각이 앞질러 간 탓이다. 책 제목이 밤을 '숭배'하는 것이라고 해서, 굳이 표지에까지 어두운 밤의 옷을 걸친 사내가 등지고 앉은 모습을 실었다. 일관성보다는 '깔맞춤' 같아서 피식 웃음이 났다. 또 있다. 이 책은 그간 황현산 선생이 여기저

　　　　　　　　　　우리는 조금 불편해져야 한다

기 써온 글들을 모았다. 대개는 그중에 작가가 최고로 치는 글의 제목을 책 제목으로 잡는다. 그래서 부리나케 목차를 살폈다. 게다가 밤이 선생이라니? 그런데 그런 제목을 가진 글은 없었다. 책 제목을 이해하려면 책을 다 읽으라는 얘기겠다. 글 한편 읽고 책 전체를 짐작해 보겠다는 꼼수는 이렇게 허망해졌다. 기대보다는 짜증이 앞섰다.

심보(이럴 땐 '심뽀'라고 해야 제맛이다.)가 났다. 작가 소개부터 읽었다. 황현산 선생이야 김현 선생과 함께 널리 알려진 평론가이자 불문학자이니, 별다른 생각 없이 읽었다. 그런데 목포 출신이다. 그리고 보니, 김현 선생은 진도 출신이다. 그들이 살아온 전라도 바닷가는 한국의 지중해였을까? 한국의 대표적인 평론가인 김윤식은 김해 출신, 김병익은 상주 출신이다. 생각해 보니, 경상도 출신의 평론가들과 전라도 출신의 불문학자들은 참 다르다. 한 쪽은 분석적이고, 다른 쪽은 감성적이다. 나의 태생은 경상도 쪽이지만, 감성적인 그들이 좋았다. 아마도 전라도에서 멀지 않은 삼천포에서 태어났기 때문이리라…. 이런 황당한 상상을 하고 나니, 난 갑자기 '밤의 선생'이 덜 싫어졌다. 좋아졌다는 얘긴 아니다.

글에서 과연 짠내가 났다. 글들이 아리고 따뜻하고, 또 서늘해져서 바닷바람이라도 쐬고 싶었다. 그러면 소금기 먹은 바람에서 깨어날 것 같았다. 1부에서는 발걸음은 더디었으나, 2부에서 구본창의 사진을 설명하면서 그의 글에는 안개도 끼고 바람도 불었다. 관련 사진은 모두 실었는데, 정작 가장 궁금했던 'new 시선 2003'은 빠졌다. 글자 하나까지 챙기는 그가 실수했을 리 없다. 치밀한 장치라고 하기에는 너무 치밀해서 도저히 알 길이 없었다. 난 길을 잃었다. 그런데 길이 보이지 않으니 스멀스멀 상상의 나래가 펼쳐지고, 종국에는 떡하니 사진이 보였다. 길을 잠시 버리니, 길이 새로이 열렸다.

밤이 왜 선생인지는 책의 끝 무렵에나 나온다. 그는 문학을 끌어들여 낮은 '이성의 시간', 그리고 밤은 '상상력의 시간'이라 한다. 특히 낭만주의 문학 이후 그러했다고 하는데, 그리하여 시인들은 '낮에 빚어진 분열과 상처를 치유하고 봉합해 줄 수 있는 새로운 말'이 '어둠의 입'을 통해 전달되리라고 믿었다 한다. '새로운 말'이라는 표현이 전혀 새롭지 않은데도, 마치 잊고 지낸 친구를 만난 것처럼 오랫동안 쳐다보았다. 용의주도한 황현산 선생은 혹여 오해가 있을까 덧붙였다. "그렇다고 반드시 이성 그 자체를 불신했던 것은 아니다. 문제는 이성을 빙자하여 말과 이론과 법을 독점하고 있는 사회와 제도의 횡포에 있다."고 했다. 그렇다면, 이런 횡포를 돌파하는 것은 '어둠의 입'이 벼려내는 '새로운 말'인가? 내 삐걱거리는 침대에도 어둠이 내렸다.

황현산의 책을 읽는다는 건, 어쩌면 어두운 바닷가 길을 걸어가는 것이겠다. 긴 걸음 끝에 내겐 문장 하나만 남았다. "기억만이 현재의 폭을 두껍게 만들어준다." 이때 기억이란 과거에 내가 기억했던 그 기억이 아니다. 오늘의 내가 그 과거에 대해 끊임없이 만들어 내는 현재의 기억이다. 선생의 표현을 빌리자면, '새로운' 기억이다. 그런 기억만이 현재의 폭을 두껍게 한다. 물론 이 사실을 끊임없이 기억해 내는 것이 '새로운 기억'의 출발점이다.

그의 짠내 나는 글 때문인지, 오랜만에 세월호를 기억해 냈다.

우리는 조금 불편해져야 한다

4부

기억을 위하여

바람 날선 굴뚝에서 저는 이제서야 '경험의 노래'를 듣습니다. 다른 이들도 아프게 듣길
바랍니다. 굴뚝에 불을 때고 있는 이들은 가까이 서 있으니, 멀리 있는 저보다는 더 잘 듣
고 있겠지요. 블레이크가 '경험의 노래'를 쓴 지 무렵 40여 년이 지나서야 영국에서는 굴
뚝 속의 아이들이 자유로워졌습니다. 하루가 예전의 십 년 같은 오늘날, 두 분이 굴뚝에서
내려오시는 데 그리 많은 시간이 걸리지는 않겠지요. 고공의 나날이 끝나는 날, 천진난만
하고 낭만적인 노래 한 곡, 부탁드려도 될는지요. 크게 불러 주셔야 합니다. 멀리 이곳까지
들리도록.

인생은 아름답고,
역사는 진보한다*

벌써 칠순이시다. 늘 화사하게 웃으시는 얼굴에도 이제 세월이 묻어난다. 그 세월이 서럽지 않고 포근해서 다행이다. 여름날 나무 그늘 같다. 학생들은 더러 "테니스밖에 모르는 뚱땡이 할아버지"라 놀리며 친밀함을 내비친다. 얼마 전 성공회대학교에서 잠시 뵈었다. 내 아들과 나를 단골 식당으로 이끌고 가시던 모습은 평화로웠다. 어릴 적 내 손을 끌고 논두렁을 지나 구멍가게에서 알사탕 사다가 기어코 입에 넣어주시던 외할아버지 같았다. 칠순의 선생님은 여전히 아름다우시다.

---

*   2012년 김수행 교수 기념논문집 「자본주의 이후의 새로운 사회」에 실린 글을 재수록하였다.

자청해서 쓰는 글이다. 선생님이 배출하신 수많은 기라성 같은 제자들 중에서 나는 명함도 못 내밀 졸병쯤 된다. 선생님이 천신만고 끝에 서울대로 오셨던 1989년에, 나는 학부 4학년생으로 가끔 시위에 참여하고 모임에서 몇 마디 거드는 것 외에는 별 한 일이 없었다. 선생님을 모셔오는 데 별다른 기여는 하지 않았으면서도, 선생님으로부터 온갖 수혜를 받은 밉상 학생이었다.

자격 미달에 짬밥도 안 되는 내가 이 글을 쓰겠다고 나선 까닭은 지극히 개인적이다. 선생님께 진 빚이 많기 때문이다. 그 빚을 갚을 방법이 달리 없기 때문이다. 그래서 여기에 쓴다. 논문집에 어울리지 않게 넋두리 같은 말랑말랑한 글이니, 이해해 주길 바란다.

선생님이 서울대 교수가 되신 것이 만 46세 때쯤이었다. 얼추 지금 내 나이다. 많은 나이는 아니겠으나, 적은 나이도 아니다. 별로 한 것도 없는 나는 벌써 힘들어 한다. 요령도 부리고 폼 잡을 일이 잦아진다. 선생님은 그 나이까지 버티셨고, 그때부터 학문적 성취를 눈부시게 이루셨다. 과연 '인생은 속력이 아니라 방향'이다. 어디로 가는지도 모르고 질주만 해댄 이 인생의 아둔함을 타박하며, 선생님과 얽힌 얘기를 몇 가지 할까 한다.

조금 뜬금없이 들리겠지만, 나와 나의 아내는 초등학교에서 만났다. 연애가 길어지다 보니 결혼도 빨랐다. 선생님께서 먼 길을 마다하시지 않고 주례를 봐 주셨다. 부산 광안리 근처에 있는 한정식집에서 저녁 식사 대접하는 것으로 주례비를 대신했다. 식장에서 선생님은 신랑과 신부가 어릴 때부터 "까졌다."고 한바탕 훈계하셨다. 옳은 말씀이라

우리는 조금 불편해져야 한다

새겨 들었다. 이른 결혼이다 보니, 박사과정에 들어가자마자 첫아기를 보게 되었다. 딸이었다. 그런데 딸에게 심각한 건강 문제가 있다 했고, 당시 의사들은 호전될 것으로 기대하지 않는 눈치였다. 하늘이 무너지는 심경에 넋을 잃고, 인생에 욕지거리 해댈 때였다.

선생님은 유학을 권하셨다. 외국 나가서 방법을 찾아보라는 말씀이셨다. 하는 데까지 해보아야 나중에 후회가 없다 하셨다. 미국은 의료보험 때문에 불가능했고, 선생님이 평소 부러워하시는 국민의료체계 NHS가 있는 영국으로 방향을 틀었다. 부랴부랴 정한 일이기에, 준비할 틈도 적었다. 영어는 짧았고 박사 논문 주제는 희미했다. 논문 프로포절과 입학 원서 작성이 당장 발등의 불이었고, 어느 대학을 가야 할지도 몰랐다.

참으로 부끄럽고도 고마운 얘기지만, 이 모든 걸 선생님이 팔 걷고 나서서 해주셨다. 말도 안 되는 영문 한 페이지짜리 초안을 서너 페이지 멋진 프로포절로 만들어주셨고, 원서도 꼼꼼히 챙기셨다. 영국 문화원에 '협박' 전화를 하셔서 장학금도 알아봐 주셨고, 케임브리지 대학에 있는 장하준 교수에게도 전화해서 도움을 청하셨다. 물론 추천서도 써주셨다. 상황이 상황이었던지라, 당신께서는 임팩트 있는 추천서가 필요하다고 판단하셨던 것 같다. 그 정도가 지나쳐 결국 "이 친구는 장하준 교수보다 낫소." 하는 추천서를 보내셨다. 속된 말로 대형사고를 쳤다. 선생님의 '오버' 덕분에, 나는 케임브리지로 유학을 갈 수 있었다.

거기서 우리는 큰 선물을 얻었다. 한국에서 들었던 천형 같던 진단들은 모두 오진이고, 딸은 지극히 정상이라는 것. 인생은 이렇게 드라마틱하다고 흥분했었다. 그러곤 영어로 박사 논문을 써야 한다는 엄숙한 현실을 마주하게 되었다. 돌이켜 보면, 코미디 같은 일이다.

내가 그렇게 딸을 얻었을 바로 그 시기에, 선생님은 아들을 잃으셨다. 당신이 1970년대라는 엄혹한 시기에 마르크스 경제학이라는 무시무시한 '괴물'을 공부하면서 혹 가족에 어려움이 있을 것을 염려해서, 런던에 꼭꼭 묶어 두었던 세 아들 중 막내였다. 사랑하는 아들을 지키려고 부러 내치면서 키운 아비가 그때 느꼈을 회한. 그저 짐작만 할 뿐이다.

그 와중에 선생님은 내 원서를 고치고, 프로포절을 만들고 전화를 해 주셨다. 선생님의 전매특허인 "야, 이 친구야"로 시작되는 꾸중 한마디 없으셨다. 케임브리지에서 입학 허가를 받았을 때, 선생님은 당신의 또다른 전매특허인 "축하합니다."라는 말 이외에는 달리 말씀이 없으셨다.

그래도 걱정이 되셨는지, 런던에 있는 둘째 아들의 차를 뺏어다가 내게 주셨다. 그렇게 마치 아무 일 없었다는 듯이, 내 가족의 고통만 어루만져 주셨다. 그게 얼마나 고통스럽고 힘든 일인지, 내가 살아가면서 알게 된다. 그때는 내 슬픔만 커 보였기에 몰랐다.

내 박사 논문에는 마르크스가 없다. 참고문헌에 『자본론』 1권이 곁다리처럼 언급되어 있을 뿐이다. 케인즈 경제학이 탄생한 케임브리지였지만, 케인지안은 찾아 보기 힘들었고, 마르크스적 경향의 연구자들은 일종의 페이스오프face off를 해서 경영 계통의 학과나 연구소로 옮겨 갔다. 그들은 '내 맥박과 심장은 변함없이 뛴다.'고 항변했다.

나는 마르크스를 연구할 처지가 되질 못했다. 그럴 용기도 없었다. 마치 신고전파의 효용 최대화 방정식처럼, 나는 주어진 예산과 시간 내에서 박사학위라는 효용가치를 실현했을 뿐이다. 그렇게 해서 나온 박사 논문이 선생님 마음에 드셨을 리 만무했지만, 선생님은 "축하합니다!"라고 하시면서 기뻐하셨다. 그저 덕담이었을지언정, 나는 많은 위로를 받았다. 그 당시 나는, 선생님과 아내, 그리고 자칭 "내 아내의 오빠"인 양우진 선배에게 축하받는 것만으로도 충분했다.

선생님은 참 편안한 분이다. 그래서 선배들이나 우리 또래들이 많이도 괴롭혔다. 잘난 우리들이 바라는 게 또 얼마나 많았던가? 비장한 질문이 넘쳤다. 정확한 연도는 기억나지 않는데, 1990년대 중반쯤이었을 것이다. 한국사회경제학회가 매년 여름에 정기적으로 개최하는 학회에 '정치경제학' 연구자들이 몰렸다. 논문 발표도 중요했지만, 술잔이 놀아가는 집담회가 더 흥미로운 때였다. 마르크스 경제학의 위기에 대한 얘기가 오갔다.

그러다가 누군가 선생님께 물었다. 왜 마르크스 경제학을 하시느냐고. 세상도 바뀌고 미래도 생각하느라 머리가 온통 복잡해진 대학원생이 선생님께 '구원의 소리'를 구하려 했다. 나도 예외는 아니었다. 예수와 석가가 어리석은 제자를 위해 던지는 벼락같은 얘기, 그런 걸 바랐을 때다. 그때 선생님은 대답하셨다. 좋아서 한다고. 좋아해야 할 수 있다고. 모두 실망하는 눈치였지만, 선생님은 상관하지 않으셨다. 그후에도 늘 그렇게 대답하셨다.

이 멋대가리 없는 선생님의 대답을 종종 생각한다. 조금 분칠해서 대답해도 좋을 것을 굳이 건조기를 팽팽 돌려나온 앙상한 천 조각을 내민 까닭에 대해 생각해 보곤 한다. 약간 야들해야 할 순간에 외려 우악스러움을 보이는 경상도 남자의 태생적 한계일까, 의심도 해 보았다. 나는 이제 선생님의 대답을 내 방식대로 이해한다. 선생님은 어릴 적부터 가난과 싸웠다. 대구의 한 강가에서 자갈을 바닥 삼아 세운 학교에서 글을 배웠다. 늘 가난을 실력과 노력으로 정면 돌파했다. 대구 상고 시절에도, 서울대 시절에도 그랬다. '가난이 없는 공동체'가 평생의 화두였을 것이다.

그 와중에 마르크스를 만나셨다. 물질적 가난보다도 더 위험천만할 수 있는 길을 가려면, 둘러봐야 할 것이 적지 않았으리라. 결단은 외롭다. 그 외로운 결단을 주위에 설득하기도 쉽지 않고, 도움을 청하기도 쉽지 않다. 이럴 때는 어떡해야 하나? 내가 결정하고 내가 책임진다. 다른 이들을 타박하지 않고, 시류에 시달리지 않아야 한다. 그러려면, 내가 오로지 좋아서 하는 수밖에 없는 건 아닐까. 마르크스라는 거대한 화약고를 두려움 없이 인내하며 다루려면, 나의 안쪽만 바라보아야 한다. 좋아해야 한다. 바깥으로 찬란한 광선을 쏟아대는 신념은 종종 이슬비에도 사그라지지 않던가. 작은 일에 늘 흔들리는 나를 보면서, 이런 생각을 하곤 한다.

또 이런 생각을 하곤 한다. 선생님을 서울대로 모신 다음에, 마르크스 경제학의 운명을 선생님에게 오로지 짐 지우지 않았나. 짐을 나누어 지어보려는 이들도 있었지만, 그 수가 적었고, 상황도 그다지 녹록

우리는 조금 불편해져야 한다

지 않았다. 거대한 소명의식 같은 게 있었는데, 이를 감당하기 어려워 떠나기도 했다. 더러는 마르크스 경제학을 '변절한 애인'으로 보고 냉정히 돌아섰다. 이미 떠난 애인이라면 내치기가 훨씬 수월한 법.

그렇다고 이 모든 것이 없어진 것인가? 꼭 그렇지는 않을 것이다. 마르크스주의는 아니겠으나 마르크스적 분석은 비마르크스적인 분석 안에 숨어 있다. 레닌식 표현을 빌리자면, 나는 현재 직장에서 "노예의 언어"로 말하고 쓴다. 마르크스라는 이름은 사용불가다. 그러나 그 '퇴락한' 언어에 마르크스적인 분석을 숨겨두려 한다. 억울한 일이긴 하지만, 우리가 구하고자 하는 것은 마르크스의 이름이 아니라, 그의 분석과 지향이 아니던가.

최근 경향신문 칼럼을 통해 선생님은 시민사회 운동에서, 대학 등록금 투쟁에서, 무상급식 운동에서, 세상 도처에서 마르크스를 발견하셨다. 영국의 마르크스주의 사회학자 존 홀로웨이John Holloway가 최근 주장한 것처럼 "자본주의 이후의 사회"의 맹아는 우리 모두의 일상적 투쟁에 있지 않을까. 이런 방식의 이해와 연대를 통해서, 선생님이 생각하시는 "자본가 계급은 이윤을 얻으려는 수고를 면제 받으며, 임금 노동자 계급은 모든 분노를 잊"은 사회의 단초를 발견할 수 있지 않을까. 그런 생각을 한다.

선생님은 둘러가는 법이 없다. 오로지 정공법이시다. 어릴 적 가난과 싸우면서 체득하신 것인지도 모르겠다. 마르크스에 대해서도 항상 정공법만 구사하신다. 그 수많은 후대의 해석가들과 씨름하는 것보다는, 마르크스와 직접 대화한다. 존 메이나드 케인즈와 아담 스미스에도 예외가 없다.

스미스를 전형적인 시장주의자로 보는 견해를 원전에 기초해서 반박하고, 케인즈를 박애주의적 개입주의자로 보는 견해를 경계하신다. 한국 경제도 바로 『자본론』의 틀 내에서 분석하신다. 우리가 알고 있는 '마르크스주의'가 끼어들 틈이 없다. 마르크스주의는 늘 위기이지만, 마르크스는 죽지 않는다. 그래서 선생님께 '주의'는 쓸모없는 일이다. 굳이 '주의'라는 딱지를 붙이자면, 원전주의가 아닐까. 여하튼 선생님의 정공법은 난공불락이다.

성격 까칠한 나에게는 존경하는 사람이 드물다. 새벽까지 자습하고 폭력이 난무하던 고등학교 때 결론을 내렸다. 농담하지 마라. 이 세상에 은사는 없다. 세상에 존재하는 모든 것이 가짜로 보였던 대학 학부 시절에도 그리 다를 것 없었다. 그러던 내게, 선생님은 나의 은사이시다. 그리고 나는 자주 찾아뵙지도 못하는 '후레자식' 같은 제자다. 내 맘대로 은사 선생님이시다. 그래도 마음에 늘 자리하신 나의 은사 선생님이, 맙소사, 칠순이시다. 할배가 되신 거다. 놀랍지 않나. 큰 술잔 하나 올리며 축하드리지 않을 수 없다.

우리 '뚱땡이' 할아버지가 걸어간다. 이미 걸어온 길이 수만 리, 이 참에 수만 리를 더 갈 참이다. 늘 그랬듯이 인생은 아름답고, 그런 인생이 만드는 역사는 진보한다.

할머니의 커피는
초이스

　　밀양의 송전탑은 결국 우리의 바벨탑이 되는 건가. 답답한 마음에, 신문에 난 사진을 들여다 본다. 할머니들이 지팡이 짚고 산을 오르내린다. 경제성이니 국가 시책이니 하며 따지는 건 잠시 접었다. 문득 나의 외할머니가 생각났기 때문이다.

　외할머니는 늘 그곳에 계셨다. 이미 퇴락한 집안이지만 여전히 꼬장꼬장한 선비이고자 한 외할버지가 밤새 시조를 읊어델 때, 외할머니는 조용히 옆에서 내일 장에 내다 팔 거리를 준비했다. 서경덕의 절창은 먹을 걸 물어다 주질 않았다. 농사일이 몸에 맞지 않은 옷이었던 외할아버지의 절망과 분편이 극에 달해 논문도 만라가는 여름날에도, 이 할머니는 잡초를 뜯고 이웃에 사정해서 물을 끌어 오고 새참을 내왔다. 그러곤 부리나케 집에 달려가 열명이 넘는 대가족의 저녁을 준비했다. 나같은 외손자도 입을 보태고 있을 때였다. 가마솥에 물을 붓고 장작에 불을 피우면, 할머니의 숨가쁜 마음도 같이 타올랐다. 철근 같은 가마솥 뚜껑이었지만, 쌀독을 덮고 있는 짚단을 더 무거워하셨다.

그래도 자식들이 찾아대면, 늘 그 옆에 있었다. 당신의 아들 딸이 철없이 불평하고 심지어 구박해도, 그저 옆에 앉아 바라볼 뿐이었다. 나라에서 현대화한다면서 집 바로 옆으로 낸 국도에서 교통사고로 졸지에 잃어 버린 손녀와, 그 현대화된 나라가 아무것도 해주지 못해 병에 쓰러진 딸의 무덤 옆에도, 늘 할머니가 있었다. 준비해 간 소주 한 병이 다 비워질 때면 해는 다시 기울고, 그제서야 눈을 비비고 비틀거리며 집으로 돌아가셨다. 집에는 매일 술과 살아가는 아들들, 부모 복 없다고 칭얼대는 그들의 옆으로 돌아가야 했다. 산 사람은 살아야 한다고 되뇌면서.

그럴 때면 커다란 양푼에 커피를 풀고 사발채 들이켰다. 외항선 타는 내 아버지가 준, 당시로선 꽤 비싼 일제 선물이었다. 물보다도 미숫가루보다 더 속이 시원하다 하며, 신통방통해 하셨다. 이제 막 영어를 배운 내게, 커피병에 씌어져 있는 게 뭐냐고 물으셨다. "Choice, 선택 … 그러니까 내가 하고 싶은 것, 좋아하는 걸 고른다는 뜻인데, 이 커피를 많이 선택하나 봐."라고 하니, 할머니는 말없이 돌아서서 어두워진 부엌으로 들어가셨다. 난 내가 뭘 잘못했나 조마했었다. 그후로 내게 선택이란, 좁다란 등 위에 새겨진 그림자가 같은 것이었다.

객지로 나온 내가 한번씩 인사드리러 가면, 할머니는 늘 손을 꼭 잡아주셨고, 그리고 꼭 얼굴을 쓰다듬었다. "니가 상헌이가"라고 꼭 물으셨다. 그런 언제부터인가, "죽기 전에 다시 볼 수 있을까" 하셨다. 떠나 나오는 길에는 늘 따라 나오셨고, 동구 앞에서 지팡이를 짚고서 손을 흔들며 우셨다. "또 놀러 온나, 꼭 온나." 그러셨다. 그러곤, 또 아주 오랫동안 그곳에 앉아계셨다. 내가 탄 직행버스가 다시 외갓집 앞을 지나갈 때도, 할머니는 그곳에 앉아계셨다. 지팡이도 내려 놓은 채. 밤새 굴을 까면 옆에서 까불며 노래 부르고, 자라서 조폐공사만큼 큰 돈을 벌어다가 삽으로 돈을 퍼서 드리겠다고 한 외손자는 점점 더 멀어지고만 있었다. 어쩌면 마지막일지도.

2년 전에 한국에 들어갔을 때, 외할머니는 위독하셨다. 뼈만 앙상한 채, 숨을 가쁘게 몰아쉬고 있었다. 외손자를 알아보지 못했다. 떠나시고 있었다. 삽으로 돈을 퍼드리지 못하는 나는, 이건 꼭 가지고 가시라고 돈 봉투를 가슴 안쪽에 넣어드렸다. 마지막 인사를 드렸다. 할머니가 앉아 있던 그 자리에 이젠 내가 앉아, 오랫동안 할머니가 떠나는 걸 지켜봤다. 좋은 곳에 가셔서, 초이스 커피도 드시면서 하고 싶은 것 맘껏 선택하시며 사시라고 빌었다. 12월 말 추운 겨울밤이었다. 내 가슴을 가장 따뜻하게도, 가장 슬프게도 하신 외할머니가 그렇게 떠났다.

나도 잊었나 보다. 내 할머니는 그랬다는 것을. 우리네 할머니들이 다 그랬다는 것을. 지금 송전탑과 싸우고 계시는 밀양의 할머니들도 그런 것을. 그런 분들이 선택을 하셨다. 그리고 쓰러져 가는 몸을 일으켜서 그 선택을 위해 싸우신다. '우리'가 저어 하는 이유가 또 뭐가 필요한가? 선택이란 '좁다란 등에 새겨진 그림자'가 아니라는 걸 그분들에게 알려드리는 게, 그게 그리도 복잡하고 힘든 일인가.

그래서 난 우리 외할머니 이름으로 송전탑 반대다.

굴뚝 위로 보내는 편지

여긴 아침 내내 울상짓는 얼굴이더니 마침내 눈발을 쏟아 냅니다. 굴뚝 높은 그곳은 안녕하신지요?

제가 사는 이곳에도 굴뚝을 오르는 사람들이 있습니다. 주로 환경운동가들입니다. 탐욕스러운 생산의 알짜배기는 공장에 남지만 그 지꺼기는 몰래 굴뚝으로 빠져나가 세상의 몫이 되기 때문이겠지요.

잘 알고 있습니다. 두 분은 동료들의 땀과 눈물을 지키기 위해 거기 있다는 것. 어쩌면 탐욕의 뿌리는 공장 끝이 아니라, 공장 정문에서 시작되는 것이겠지요. 끝을 막아서 앞부터 제대로 잡겠다는 뜻이겠지요.

두 분이 깃발처럼 서 계시는 굴뚝을 보면서 서는 윌리엄 블레이크라는 시인을 기억해 내었습니다. 18세기 낭만주의 시인이라고 하지만,

그다지 낭만적인 삶을 살지는 못했습니다. 양말 공장 노동자의 아들로 태어나서, 생전에는 그다지 주목받지 못했습니다. 변변치 않은 비석 아래 묻히고 나서야, 사람들이 위대하다고 떠들기 시작했지요.

블레이크는 「굴뚝 청소부」라는 시를 쓴 적이 있습니다. 당시에는 집집마다 굴뚝이 있었고, 번번이 막히는 굴뚝을 청소하는 일은 가난한 어린이들에게 맡겨졌습니다. 생계가 막막해진 부모는 굴뚝을 가진 집에 아이들을 팔았습니다. 공장도 마찬가지였습니다. 아이들이 제일 먼저 한 일은 삭발이었지요. 굴뚝 청소를 하려면 당연히 그래야 했겠지만, 그때 아이들은 한없이 울었다고 합니다. 얼마나 서러웠을까요. 블레이크는 여기서 천사를 아이들 꿈 속에 등장시킵니다. 아이들은 초록색 풀밭에서 마음껏 뛰고 강에서 물장난하며, 심지어 구름 위를 떠다니는 상상의 세상을 열어줍니다. 그러면서 천사는 아이들에게 말합니다. 신을 섬기고 열심히 일하면 늘 이렇게 즐거울 것이라고요. 잠에서 깬 아이들은 한결 기분이 좋아집니다. 이렇게 시는 끝나고, 블레이크는 '천진난만한 노래'라고 부제를 답니다.

하지만 무려 5년의 시간이 지나고 나서 블레이크는 똑같은 제목의 시를 씁니다. 거기에서 아이들은 여전히 굴뚝 청소를 합니다. 고통스러운 노래를 부르고 죽음과 같은 옷을 입고, 마치 눈 속의 검댕이처럼 살아갑니다. 하지만 아이들을 부리는 이들은 천사의 말처럼 아이들이 행복하다고 믿고, 교회에 찾아가 신을 경배하고 감사의 기도를 드립니다. 그래서 이 시의 마지막 구절은 "우리의 비참한 천상을 창조하신 하느님"입니다. 블레이크는 이 시에 '경험의 노래'라는 부제를 달았습니다. 그의 섬뜩한 솜씨지요.

우리는 굴뚝을 멀리서 보고 싶어 합니다. 연기 색깔마저 구름처럼 희미해지는, 낭만적인 거리지요. 일하는 사람들은 물론 보이지 않지요. 하늘을 향해 거침없이 솟아 있는 굴뚝의 마초성마저 매혹적으로 여기곤 합니다. 가끔씩 굴뚝 밑에서 들려오는 통증의 호소를 성가셔 합니다. 투정이라고도 하고, 어떤 이는 '이익 집단'이라는 날선 용어까지 동원합니다. 우린 가끔 그렇게 천진난만합니다. 그래서 두 분은 기어이 굴뚝 끝에 서 계시는 것이겠지요. 이제 우리가 보이시나요, 하면서.

바람 날선 굴뚝에서 저는 이제서야 '경험의 노래'를 듣습니다. 다른 이들도 아프게 듣길 바랍니다. 굴뚝에 불을 때고 있는 이들은 가까이 서 있으니, 멀리 있는 저보다는 더 잘 듣고 있겠지요.

블레이크가 '경험의 노래'를 쓴 지 무려 40여 년이 지나서야 영국에서는 굴뚝 속의 아이들이 자유로워졌습니다. 하루가 예전의 십 년 같은 오늘날, 두 분이 굴뚝에서 내려오시는 데 그리 많은 시간이 걸리지는 않겠지요.

고공의 나날이 끝나는 날, 천진난만하고 낭만적인 노래 한 곡, 부탁드려도 될는지요. 크게 불러 주셔야 합니다. 멀리 이곳까지 들리도록.

자식을 잃고
아비가 울다

세상의 아버지들이 자식들을 잃고 울고 있다. 이를 악물어도 혀를 깨물어도 명치 밑에서 올라오는 거대한 것들을 막을 도리가 없다.

다산 정약용은 그가 유달리 예뻐했던 셋째 아들을 몹쓸 병으로 잃었다. 그 아들의 나이는 불과 세 살이었다. 다산이 잠시 진주로 볼 일이 있어 다녀오니, 이미 아들은 정신을 잃고 살아날 가망이 없었다. 고통과 몇 날을 씨름하다가 아들은 따뜻한 봄날에 세상을 떠났다. 아비로서 회한이 왜 없었을까. 게다가 아들이 고통스러워 하며 생사를 넘나들고 있을 때를 생각해 보니 그는 "촉석루 아래 남강에서 악기를 늘어놓고 기생을 끼고 춤추고 노래하며 물결을 따라 오르내리고" 있었다.

우리는 조금 불편해져야 한다

| 세상에서 가장 아픈 아비들은 한국 남쪽 바닷가에 있다 |

그래서 "뜻이 황폐했으니 재앙을 받는 것이 당연하지, 어찌 징벌을 면하겠느냐"고 오랫동안 자책했다. 아들의 목숨을 빼앗아 간 병이 천연두라고 믿은 까닭에, 다산은 천연두 퇴치법 연구라는 징벌을 스스로에게 지웠다. 『마과회통』이 나온 연유이고, 다산이 자식을 기리는 방식이었다. 그렇게 아들을 평생 가슴에 묻어 두었다.

넬슨 만델라는 장남을 잃었다. 로벤 섬에 갇혀 20여 년의 고단한 교도소 생활을 할 때였다. 삼중 추돌 교통사고에서 장남이 죽었다는 소식이 교도관을 통해 전달되자 만델라는 더 좁아진 듯한 방에 스스로를 유폐했다. 식음을 전폐하고 긴 침묵에 잠겨 울음을 삼켰다. 그래도 몸을 일으켜 세우고, 아들의 장례식에 참석하게 해 달라고 교도소에 요구했다. 하지만 그의 간절한 바람은 시절의 엄혹함을 넘지 못했다. 교도소 당국의 불허 결정이 떨어졌다. 만델라는 다시 오랜 회한에 빠졌다. 숨가쁘게 활동했던 시절에 잠시 집에 들를 때 그의 아들은 아빠의 자켓을 무릎까지 내려 입고 자랑스러워 했다. 아비의 부재를 채우려는 아들의 경건한 의식이었다. 지하 활동에 본격적으로 들어갔을 때, 은신처를 어렵게 찾은 아들과 짧은 만남 끝에 이별할 때면 아들은 그랬다. "아빠, 걱정하지 마세요. 가족은 내가 돌볼게요." 그런 아들의 얼굴을 한번 쓰다듬어 보지 못하고 고운 흙 한 줌조차 무덤 위에 뿌려주지 못한 채, 그는 갇혀서 그리워할 뿐이었다. 그가 마침내 아들의 무덤을 마주하는 데는 그 이후로 20년의 세월이 더 필요했다. 훗날, 그의 장남에 대해 물으면, 만델라는 저 멀리 허공을 오랫동안 바라보고 말을 잇지 못했다고 한다. 긴 침묵 끝에 그리움 가득한 눈빛으로 한마디 하곤 했다. "그놈, 참 책임감 강한 놈이었지." 아비의 그리움은 아프리카의 끝없는 지평선이었다. 그는 작년에 아들 곁에 묻혀 45여 년만에 아들에게로 돌아갔다.

기타 한 줄로 사랑을 노래해 온 에릭 클랩튼도 아들을 잃었다. 행복한 결혼에서 잠시 이태리 여인에게 눈을 돌리면서 그의 삶이 흔들렸다. 아내와 결국 이혼하게 되었다. 그때 엄마와 같이 있던 아들은 뉴욕의 53층 아파트에서 추락하는 사고로 목숨을 잃었다. 아들에 대한 미안함과 그리움의 나날이었다. 인생의 암흑기라고 회고하는 기나긴 사투가 시작되었다. 마지막 순간을 보지 못한 까닭에 클랩튼은 아들을 눈에 꼭꼭 담아두려 했다. 언젠가는 만나리라, 만나리라 다짐한다. 그리고 그때를 상상하며 노래를 만든다. 오로지 자신만을 위한 노래인지라, 클랩튼은 그 노래를 자신에게 끊임없이 들려준다. 그 노래의 숨소

우리는 조금 불편해져야 한다

리까지 모두 온전한 나의 일부가 될 때까지, 아들과 한몸이 될 때까지 부르고 부른다. 그러지 않으면 미칠 것 같은 시절이었다. 이 모든 것이 다 지나고, 그가 세상에 이 노래를 내어 놓은 때가 1992년이다. 아들을 잃은 지 1년 만이었다. 그는 아들을 노래에 묻고, 그리하여 아들과 같이 살고 있다. 이 노래가 바로 우리가 익히 아는 「천국에서 흘리는 눈물Tears in Heaven」이다.

빌 코스비는 미국의 '국민 아빠'다. 그가 아빠로서 국민의 사랑을 받는 이유는, 그가 '아빠'가 아니기 때문이다. 목소리 높이며 권위를 세우는 아빠가 아니라, 좀 모자라는 아빠다. 똑똑하고 딱 부러지는 자식들에게 늘 밀리는 아빠, 그래서 자식들의 사랑과 존경을 얻는 지혜로운 아빠다. 텔레비전에서도 집에서도 마찬가지였다 한다.

몇 년 전 추운 겨울날 밤, 늘 희희낙락이던 코스비가 세상의 전부였던 아들을 잃었다. 자동차 바퀴에 공기가 없어서 고치려고 하던 중에, 우크라이나 태생의 18세 남짓한 아이가 아들의 머리에 총을 쏘아 버렸다. 이 철딱서니 없는 젊은 아이에게 왜 그랬는지 물었다. 참담한 대답이 돌아왔다. "나는 껌둥이를 쏘았단 말이야… 원래 마약거래상을 털려고 했는데, 명백하게 다른 걸 발견한 거지." 아들의 죽음에 인종주의 그림자가 드리우기 시작했다. 코스비는 눈물을 잠시 거두었다. 그때부터 아들을 위한 싸움에 돌입했다. 역설적이게도 그 싸움은 아들을 죽인 젊은 가해자를 위한 것이었다. 먼저, "내 아들을 죽인 것은 총이지 인종주의가 아니다."고 선언했다. 코스비의 단호함에 언론에서도 더 이상 인종주의 '장사'를 할 수 없게 되었다. 또 이 젊은이에게 사형을 구형하지 말라고 검사에게 요청했다. 결국 무기징역형으로 재판은 끝나고 이 일은 서서히 잊혔다. '국민' 아빠는 그제서야 한 아이의 평범한 아비로 돌아와 아들의 죽음을 정면으로 바라보게 되었다. 서러운 시간이 흘렀다.

어느날 코스비는 바로 그 우크라이나 젊은이에게서 편지를 받았다. 무기징역형을 받아들이고 항소를 하지 않겠다는 이례적인 결정을 전했다. 편지는 이렇게 끝났다. "나는 유죄입니다. 그리고 이젠 올바른 일을 하고자 합니다. 무엇보다도 피해자 가족에게 진심으로 사죄드립니다. 이게 기독교인의 도리이자, 내가 마땅히 책임져야 할 사악한 일에 대해 내가 해야 할 최소한이기도 합니다." 코스비는 그 편지를 받고서야 이제 아들과 작별할 시간임을 직감했다. 주름이 조금 늘긴 했지만, 그가 환하게 웃는다. 그 웃음에 아들을 묻어 두었다.*

2014년 오늘, 세상에서 가장 아픈 아비들은 한국 남쪽 바닷가에 있다. 차갑게 저녁이 찾아오는 팽목항. 어둠이 가장 빨리 찾아오는 언저리에서 한 사내가 제 자식의 이름을 외쳐 부른다. 밤새 거칠게 타버린 목에서 터져 나온 이름은 바닷물에 닿기도 전에 흩어져 버린다. 그럴수록 아비는 다급해진다. 저 이름이 흩어지기 전에 또 이름을 부른다. 그러면 흩어질 이름 위로 이름이 쌓여서 저 바다 어딘가에 있을 자식에게 닿으리라, 그러면 넌 외롭지 않으리라. 하지만 필사적인 외침은

---

*   코스비는 2014년부터 수십 명의 여성으로부터 성폭행을 당했다는 비난과 고소를 당했지만 혐의를 부인해왔다. 2015년 7월에는 미국의 시사주간지 「뉴욕매거진」이 코스비에게 성폭행을 당했다고 주장하는 여성 35명을 잡지의 표지 모델로 등장시켜 파문을 일으켰다. 해당 혐의가 공식적으로 확인되는 대로 관련 내용을 수정할 예정이다.

가망 없이 또 흩어진다. 빗방울 하나 떨어지며 사내의 어깨를 토닥인
다. 그때마다 사내의 어깨는 흔들리고, 그새 거세진 빗줄기에 사내는
무너진다. 수백년 동안 울지 못한 짐승처럼 흐느낀다. 사내의 목소리
를 전하지 못하는 바다는 사내를 차마 바라보질 못하며, 부질없는 거
품파도만 밀어 보낸다. 네 잘못이 아니다… 네 잘못이 아니다….

하지만 아비는 머리를 흔든다. 아니란다. 아니란다. 내 잘못이야.

"아빠는 네게 해 준 게 없구나. 그저 바다만 쳐다 보았을 뿐. 미안하
다. 아가."

아비들이 자식을 잃고 울고 있다. 바다만 쳐다보고 있다. 그들이 언
젠가 바다와 이별하고 돌아서서 세상의 안으로 들어올 것이다. 그들의
방식으로 아이들을 기억하려 할 것이다. 그들의 지친 어깨 옆에 우리가
있어야겠다. 손을 잡아 주어야겠다. 세월호의 아이들은, 자식을 둔 세
상의 모든 아비들의 아이들이기 때문이다. 아비들이 울고 세상이 운다.

우리는 조금 불편해져야 한다

1판 1쇄 펴냄 | 2015년 7월 27일
1판 4쇄 펴냄 | 2017년 2월 24일

지은이 | 이상헌
발행인 | 김병준
편집장 | 김진형
디자인 | 정계수(표지) · 디자인봄(본문)
발행처 | 생각의힘

등록 | 2011. 10. 27. 제406-2011-000127호
주소 | 경기도 파주시 회동길 37-42 파주출판도시
전화 | 070-7096-1332
홈페이지 | www.tpbook.co.kr

공급처 | 자유아카데미
전화 | 031-955-1321
팩스 | 031-955-1322
전자우편 | tpbook1@tpbook.co.kr
홈페이지 | www.freeaca.com

ISBN 979-11-85585-15-4 03300